T0244000

MENTE SALVAJE, TIERRA SALVAJE

EDITORIAL CÁNTICO

COLECCIÓN · LA FLORESTA

COLECCIÓN DIRIGIDA POR RAÚL ALONSO

cantico.es · @canticoed

Editorial Cántico
Parque Logístico de Córdoba
Carretera de Palma del Río, km. 4
14005 Córdoba
Editado bajo acuerdo con Shambhala Publications Inc.
a través de A.C.E.R. Agencia Literaria

ISBN: 978-84-10288-00-3
Depósito legal: CO 645-2024

Impresión y encuadernación:
Imprenta Luque S.L.

DAVID HINTON

MENTE SALVAJE, TIERRA SALVAJE

NUESTRO PAPEL EN LA SEXTA EXTINCIÓN

TRADUCCIÓN DE ANDRÉS FELIPE GRAJALES RAMÍREZ

EDITORIAL CÁNTICO

COLECCIÓN LA FLORESTA

SOBRE EL AUTOR

DAVID HINTON ha publicado numerosos libros de poesía y ensayo, y muchas traducciones de poesía y filosofía chinas antiguas, todo ello basado en un interés permanente por el pensamiento ecológico profundo. Esta obra, ampliamente aclamada, le ha valido una beca Guggenheim, numerosas becas de la NEA y la NEH, y los dos principales premios de traducción de poesía de Estados Unidos: el Landon Translation Award (Academia de Poetas Americanos) y el PEN American Translation Award. Recientemente, la Academia Estadounidense de las Artes y las Letras le ha concedido un premio a toda su carrera.

I

CÓMO UN PEQUEÑO POEMA DE LA ANTIGUA CHINA PODRÍA SALVAR EL PLANETA

1

ANTES DE CUALQUIER INTENCIÓN y elección, antes de las ideas, del entendimiento, y de todo lo que creemos saber sobre nosotros mismos: amamos el mundo que nos rodea. ¿Cómo es posible? ¿Cómo podemos *amar* todo esto cuando nuestros supuestos culturales nos dicen de tantas maneras que los «humanos» somos fundamentalmente distintos de la «naturaleza», y que el único valor real de la «naturaleza» es lo que sirve a nuestro bienestar? Eso no es amor. ¿Acaso el amor no requiere naturalezas emparentadas? ¿Y cuál es el parentesco con la Tierra salvaje sino una Mente salvaje?

Si no fuera así, ¿cómo podríamos sentir tanta conmoción y estímulo cuando una orca salta alegremente, sí —olvidemos el antropomorfismo porque son muy parecidas a nosotros, tan emparentadas—, salta *alegremente* fuera del agua, retorciéndose de manera espectacular mientras vuelve a caer: jugando, o celebrando, o gritando, desafiante, al mundo, a sus rivales, a su familia: *¡Soy yo! ¡Estoy aquí!*? Cómo podríamos no alegrarnos de que las orcas den a luz (¡parteras submarinas!) y cuiden a sus crías. Cómo no sentir pena, rabia y culpa de que las orcas residentes del sur, majestuosas ballenas del noreste del Océano Pacífico,[1] estén muriendo lentamente de ham-

1 Las orcas residentes del sur (*Orcinus orca*) son una población de orcas

bre. Pues tal vez sea porque es nuestra culpa: el ruido del tráfico de barcos industriales que interrumpe la ecolocalización que necesitan para encontrar a sus presas; el agua de mar contaminada; el salmón real, su presa tradicional, diezmado por los ríos represados, la sobrepesca y las toxinas ambientales. Sentimos desesperación por esas orcas que, debido a tanto estrés, ya casi no dan a luz. Porque la primera cría en años murió poco después de nacer y la madre la llevaba en la nariz durante diecisiete días: por encima del agua, esperando que respirara, esperando que, de algún modo, volviera a la vida. Por algunos momentos, otras orcas se encargaban de la tarea, para dejar descansar a la madre, pero finalmente madre y cría desaparecían. Desgarrador. Devastador.

Amamos este mundo, este planeta vivo: sentimos alegría cuando la vida prospera, pena cuando sufre y muere. Esto puede parecer obvio y poco interesante en sí, pero es un misterio, ¿no? Porque, dados nuestros supuestos occidentales, es inexplicable. La antigua filosofía griega conjuraba un reino trascendental de ideas puras, que parecía más real y verdadero que el mundo empírico que le rodeaba —porque la idea pura es inmutable y, por tanto, fiable, mientras que la Tierra salvaje cambia constantemente y, por tanto, no es fiable—. Este reino trascendental se asoció con un «alma» inmortal, estableciendo un dualismo que abre una ruptura básica entre la mente y la tierra. Ese dualismo marcó el rumbo de la conciencia occidental —especialmente, en combinación con la teología cristiana— y sigue siendo hoy un supuesto cultural

---

que habitan en las aguas del Pacífico nororiental, principalmente en las costas de Washington, Oregon y Columbia Británica. Se les conoce como «residentes» porque se mantienen en un área específica durante todo el año, a diferencia de las orcas transeúntes que viajan largas distancias. [N. del T.]

que pasa desapercibido y define la estructura misma de nuestra experiencia cotidiana. Esto es todo lo contrario a un parentesco, pues nos dice que no somos salvajes ni terrestres. Nos dice, en cambio, que somos el noble «humano», en estricta oposición a la fundamentalmente otra y menos importante «naturaleza».

La unión es un valor primordial, más profundo y antiguo incluso que la consciencia de uno mismo, sin tener en cuenta a la filosofía. Es inherente al propio cuerpo. Necesitamos la unión instintivamente, y la unión requiere de un parentesco. De hecho, esto es tan profundo que desafía nuestros supuestos sobre la identidad individual —porque sin parentesco y unión, ¿qué somos?— Nos acurrucamos juntos y nos hundimos en ese misterio primigenio llamado sueño. Nos despertamos y hablamos entre nosotros, cocinamos y comemos, hacemos el amor y volvemos a dormir. Habitamos un tejido único de lenguaje (o él nos habita a nosotros). Estamos positivamente imbricados, y también a la deriva, en ese tejido —y en la familia, la comunidad, la cultura, la civilización—. Entonces, ¿por qué esto acabaría con nuestra especie?

En los inicios de la cultura humana, no era así. En medio de los primeros destellos de autoconsciencia humana, los cazadores-recolectores del Paleolítico se asumieron como parientes de la Tierra salvaje, que era en sí misma lo «sagrado». Aunque en aquel contexto cultural tan diferente del nuestro, *lo sagrado* no podía significar nada más allá del misterioso tejido generativo de la propia existencia. De hecho, al alimentar ese parentesco, la espiritualidad y el arte celebraban la maravilla de ese tejido de la existencia, sus vastas y abundantes transformaciones.

Qué herida tan profunda e irreconocible debe de haber en nosotros: nuestro parentesco paleolítico en la red de la vida desgarrado por completo, una mente que ya no es salvaje ni parte integral de la Tierra salvaje. Ese parentesco sigue existiendo para los niños de hoy: lo sienten instintivamente y lo oyen en las historias que les contamos, historias llenas de entrañables personajes animales. Pero a diferencia de las culturas paleolíticas, la nuestra despoja a los niños de ese parentesco, dejándonos en la edad adulta desprovistos de tal unión primordial. Debe de ser un dolor elemental separarse de la maravillosa extensión de la vida planetaria, de sus orígenes y de las fuerzas que la impulsan. Los relatos paleolíticos hablan de esa unión planetaria, hablan de criaturas como las orcas como hermanas y hermanos, como antepasados. Pero los relatos fundacionales de nuestro Occidente griego/cristiano describen un reino humano encerrado en sí mismo y separado de todo lo demás. Es una herida tan completa que ya no podemos verla, porque define la naturaleza misma de lo que suponemos que somos: centros de identidad-espiritual esencialmente separados del mundo que nos rodea.

Hay una ética en esa herida, porque establece nuestro proyecto humano como el principal único centro de valor. Eso significa que la «naturaleza» está simplemente *ahí para nosotros*, una base de recursos que podemos explotar como queramos, porque no es humana (no tiene razón ni alma ni lenguaje ni...) y, por tanto, tiene poco valor intrínseco. Así, la herida no solo nos está diezmando psíquicamente, por poco que seamos conscientes de ello, sino que también está diezmando el ecosistema de la Tierra, arrasando a sus habitantes en cantidades inimaginables, individuo a individuo.

Pero entonces, si esas suposiciones fueran ciertas sobre nosotros, ¿cómo podríamos amar este mundo? ¿Cómo podríamos sentirnos tan emparentados, tan enredados emocionalmente? Enredados hasta la médula: sintiendo

—¡sí, *sintiendo*!— la grandeza de los picos de las montañas que se elevan sobre los desiertos, o la elegante belleza de un lirio de Siberia[2] floreciendo en el jardín; saboreando también un chocolate, una clementina o un café expreso; deleitándonos con el calor del sol en nuestros rostros, la fresca claridad de la luna en nuestros ojos. Debemos ser mucho más de lo que creemos ser. Por mucho que lo hayamos olvidado, debemos seguir siendo salvajes en nuestra naturaleza paleolítica original: salvajes y emparentados con la Tierra salvaje.

Ese parentesco es en sí mismo una ética verdaderamente primordial, antes de cualquier pregunta y argumento. Porque si las diez mil cosas de esta tierra son parientes, su autorrealización no debe tener menos valor que la nuestra, y dañarlas no debe ser menos problemático que dañar a nuestros semejantes. En el fondo, rescatar a este planeta de su sexta gran extinción es un problema espiritual y filosófico. Los que están impulsando la destrucción son las imprevistas suposiciones que nos definen a nosotros y a nuestra relación con la Tierra: la herida que insiste en que somos radicalmente diferentes y cualitativamente más valiosos que el resto de la existencia. Es complicado, y ya ahondaremos en eso. Pero es muy posible que reconocer, abrazar y cultivar nuestro parentesco con la Tierra salvaje sea lo único que pueda salvar a este planeta de su sexta gran extinción, la Gran Desaparición que ahora hierve en sus océanos y continentes.

Amamos este mundo, y hay una revolución filosófica inadvertida inherente a ese amor. Como veremos, esa revolución se ha ido desarrollando lentamente a lo largo de los últimos siglos en Occidente, haciendo posible nuestro emparentado amor por las diez mil cosas de la Tierra

2 Flores de color azulado y violeta, también conocidas como lirio de agua (*Iris sibirica*). [N. del T.]

salvaje. Es un retorno a la comprensión paleolítica que tiene un precedente en la China primitiva —de hecho, como veremos, el modelo de las culturas primigenias ayudó a impulsar esta revolución—. Allí, hace casi cuatro mil años, una herida muy similar a la nuestra definió la consciencia humana durante milenios. Pero en una vasta transformación cultural, fue sustituida por el paradigma paleolítico que había sobrevivido bajo la superficie de las estructuras de poder político. Un paradigma que revelaba que nuestra trama con la existencia estaba en todas partes, a través de todo lo que somos. En este paradigma alternativo, la Mente salvaje, emparentada con la Tierra salvaje, se convirtió en el supuesto impensado que da forma a la experiencia, y también a la ética.

Quizá sea demasiado tarde. Tal vez sea cierto que nada puede salvar el planeta a estas alturas, tal vez la Gran Desaparición esté ya demasiado avanzada. Pero este precedente de transformación cultural fundamental en la China primitiva hace que una transformación similar parezca posible aquí. Como revela nuestro amor por este mundo, esta transformación ya está bastante avanzada. La sociedad de la antigua China era muy parecida a la nuestra en sus estructuras fundamentales: muy culta e intensamente textual, con un gobierno centralizado y oficinas burocráticas, ciudades, una economía de mercado diversificada, una sofisticada cultura artística e intelectual, entre muchas cosas más. Así pues, la versión de la antigua China del paradigma paleolítico podría marcar el camino a seguir. Sartre dijo que «la existencia precede a la esencia»,[3] y tenía razón. No existe una esencia humana que determine cómo podemos actuar. Por el contrario, definimos esa esencia siempre de nuevo en las elecciones libres que hacemos en nuestra existencia cotidiana.

3 *Existentialism Is a Humanism* (1946), p. 20 y *passim.*

Amamos este mundo, este planeta vivo, y también amamos las estrellas y las galaxias. Es emocionante ver imágenes telescópicas de estrellas dispersas por el espacio o agrupadas en galaxias arremolinadas, conocer sus alucinantes vidas —la forma en que la gravedad condensa el polvo cósmico en estrellas y las enciende, para finalmente aplastarlas contra sí mismas con tanta violencia que explotan y siembran el espacio con el rico polvo que se convertirá en una nueva generación de estrellas y planetas como el nuestro—. ¡Nuestro parentesco parece no tener límites! Al redescubrir ese parentesco, ¿cómo no descubrir vastas y bellas dimensiones de nosotros mismos que se habían perdido? Es decir, la consciencia humana entretejida profundamente a través del ecosistema planetario, entretejida, de hecho, a través de todo el Cosmos?

Sí, somos mucho más de lo que creemos ser, y eso es una liberación de proporciones asombrosas. Incluso la simple percepción: una mirada al cielo nocturno sembrado de estrellas, por ejemplo, o al agua de un arroyo que trenza luz líquida entre las piedras. A la vista está que esa total pertenencia es literal y científicamente cierta. El Cosmos desarrolló innumerables soles y planetas. Aquí en nuestro planeta Tierra, hizo evolucionar formas de vida con ojos, como los nuestros, capaces de procesar imágenes. Entonces, ¿qué es esa mirada sino el propio Cosmos mirándose a sí mismo? ¿Qué es pensar sino el Cosmos contemplándose a sí mismo? Y nuestro inexplicable amor por este mundo, nuestro deleite y nuestro dolor, ¿qué es sino el Cosmos amándose, deleitándose, afligiéndose por sí mismo? Somos salvajes hasta la médula: Mente salvaje, Tierra salvaje, Cosmos salvaje. Así lo entendían los paleolíticos y los antiguos chinos.[4] Una vez que salimos de

4 En este libro, con «antiguos chinos» nos referimos a la élite culta,

los supuestos culturales que hemos heredado, esto parece bastante claro, incluso evidente.

Esta es nuestra identidad más magistral, una identidad que abarca toda la existencia: las diez mil cosas de la tierra y el Cosmos mirándose a través de nuestros ojos. En sus dimensiones expansivas y deslumbrantes encontramos nuestro parentesco con esas cosas, nuestro amor y nuestro enredo emocional. Y también encontramos una ética, porque lo que le ocurre a la Tierra nos ocurre literalmente a nosotros. ¿Quién iba a decir que la ética podría ser tan hermosa, como valoración de las diez mil cosas, cada una en su exquisita e individual claridad? Aquí está, esa ética se sintetizó en un pequeño poema de apariencia sencilla y visión cristalina que fue escrito por Tu Mu en la China del siglo IX:

Garzas[5]

Mantos de nieve, crestas de nieve y picos de jade celeste
pescan en arroyos sombríos. Luego, alzando el vuelo,

abandonan montañas esmeralda en pos de distancias
encendidas.
Flores de peral, de un árbol repleto, caen en el viento de la
tarde.[6]

---

los artistas-intelectuales que dirigían el gobierno y construyeron la alta cultura china (filosofía, poesía, pintura, etc.), y no a las masas incultas cuyas lealtades estaban ligadas a una miríada de sistemas de creencias religiosas.

5 Para ser más precisos: el autor, realmente, no se refiere a garzas (*heron*), sino a garcetas (*egret*), un tipo de garza más pequeña. Sin embargo, escogemos la traducción *garza* por ser una palabra más común fuera del ámbito ornitológico. [N. del T.]

6 Las traducciones al castellano de los poema chinos provienen de las versiones en inglés que ofrece el autor. En este caso, de «Egrets» de

2

Robinson Jeffers, en su crítica a la perspectiva occidental centrada en el ser humano, propone una visión filosófica radical:

> Creo que el universo es un solo ser, todas sus partes son diferentes expresiones de la misma energía, y todas están en comunicación entre sí, influyéndose mutuamente, como partes de un todo orgánico (esto es física, creo, además de religión.) Las partes cambian y pasan, o mueren, las personas y las razas y las rocas y las estrellas, ninguna de ellas me parece importante en sí misma, sino el todo solamente. Este todo es tan bello en todas sus partes y lo siento tan intensamente serio, que me veo obligado a amarlo y a considerarlo divino. Me parece que solo este todo es digno del más profundo tipo de amor; y que aquí hay paz, libertad, podría decir, una especie de salvación, al dirigir el afecto de uno hacia este único Dios, en lugar de dirigirlo hacia el interior de uno mismo, o hacia la humanidad, o hacia la imaginación y abstracciones humanas [...][7]

Jeffers, el poeta paisajista más importante de Estados Unidos, que escribió a principios del siglo XX en una

---

Tu Mu, traducido al inglés por David Hinton en *Mountain Home: The Wilderness Poetry of Ancient China*, copyright © 2002, 2005. Reproducido y traducido al castellano con permiso de New Directions Publishing Corp y Shambhala Publications. [N. del T.]

7 Letter to Sister Mary James Power (Oct. 1, 1934). En *The Wild God of the World: An Anthology of Robinson Jeffers*, p. 189.

casa de piedra situada en lo alto de unos acantilados de granito en la costa de California, operó al margen de la perspectiva occidental centrada en el ser humano. De hecho, aunque hay indicios de esa perspectiva radical en escritores anteriores como Humboldt, Thoreau y Muir, Jeffers puede ser el primer escritor de Occidente en adoptarla por completo, junto con sus desafiantes implicaciones. Él propuso desplazar nuestro origen de valor, basado en lo humano, hacia la totalidad orgánica de la Tierra y el Cosmos, que describió como «un solo ser»:

> [...] Integridad es totalidad, la mayor belleza es
> Totalidad orgánica, la totalidad de la vida y de las cosas, la belleza divina del universo. Ama eso, no al hombre
> Que está aparte de eso, [...][8]

Jeffers estaba atrapado en el límite terminológico del cristianismo y el panteísmo de sus antepasados románticos (p. 32 y ss.); dependía todavía de la divinidad para explicar su experiencia de un Cosmos tan maravilloso. Pero lo que describe, en realidad, es muy distinto: el universo como un único «todo orgánico» viviente cuya naturaleza más fundamental es el cambio y la transformación, y en el que el ser humano no desempeña ningún papel especial. Si se hubiera topado con el antiguo pensamiento chino, podría haber llamado a este universo Tao (道: Camino): el nombre que Lao Tzu (c. V - VI a.e.c.) utilizó para el Cosmos concebido como un único tejido vivo, «un ser» que él reconocía como generativo, como «femenino» y

8 «The Answer». Los poemas de Jeffers aparecen en muchas ediciones selectas y recopiladas, entre ellas dos recientes: *Rock and Hawk* y *The Wild God of the World*. Los poemas citados en estas páginas pueden encontrarse generalmente en cualquiera de esas ediciones, en su idioma original.

como «madre». Es una realidad en sí misma magistral y sobrecogedora: un proceso cosmológico generativo, un *camino* ontológico por el que las «diez mil cosas» de la Tierra aparecen y desaparecen en un proceso continuo de transformación: cada una surge a la existencia, evoluciona a lo largo de su vida y luego deja de existir, únicamente para transformarse y resurgir en una nueva forma. En esta cosmología, el ser humano no es más que una de esas diez mil cosas.

Jeffers propone que reintegremos nuestras mentes a este todo orgánico:

> Debemos descentrar nuestra mente de nosotros mismos;
> Debemos deshumanizar un poco nuestros puntos de vista y llenarnos de confianza
> Como la roca y el océano de los que estamos hechos.[9]

Se trata, sin duda, de una tarea ardua. Desafiante, pero también profundamente liberadora, porque abre nuestra alienación encerrada en nosotros mismos a nuevas posibilidades de habitar como parte integrante de «la roca y el océano», la tierra y sus procesos. Jeffers no ofrece ningún método concreto para hacerlo, pero ese es el objetivo de la práctica espiritual taoísta y budista ch'an (zen) en la antigua China: integrar la consciencia con este Tao, este «único ser», para curar esa vasta herida de la consciencia arrancada a la Tierra salvaje. Es la cuestión más fundamental para la práctica del ch'an —y quizá para la consciencia humana en general—, especialmente en esta época de la Gran Desaparición: cómo superar la separación ilusoria entre la consciencia y el Cosmos, lo que implica borrar la aparente separación entre lo subjetivo y lo objetivo, la mente y el paisaje, el Ser y el Cosmos.

---

9 «Carmel Point».

Hoy podríamos llamar a esto una práctica de ecología profunda: es el cultivo de nuestra naturaleza salvaje original, nuestro parentesco perdido con la red de la vida, un parentesco que necesariamente le otorga a la red de la vida un valor ético. Este era el supuesto de los cazadores-recolectores del Paleolítico y la base fundamental del principio ético del budismo del *ahimsa* (chino: 不害: «sin daño»): en la compasión, evitar todo daño innecesario.

El ch'an no era un proyecto religioso: era un proyecto filosófico/espiritual con base empírica. En el centro de la práctica taoísta/ch'an estaba la meditación, que es, esencialmente, ciencia observacional vuelta hacia el interior. La meditación revela los contornos básicos de la Mente salvaje y cultiva un retorno a ella que pertenece a la Tierra salvaje. En sus líneas filosóficas más básicas, la meditación comienza con sentarse en silencio y observar cómo los pensamientos van y vienen en un campo de vacío silencioso y oscuro. De esta atención al movimiento del pensamiento surge la primera revelación de la meditación: que estamos, como hecho observable, separados de nuestros pensamientos y recuerdos. Es decir, no somos el centro de identidad (el «alma» de Occidente) que suponemos que somos en nuestro día a día, ese centro de pensamiento ensimismado que toma la realidad empírica como objeto de su contemplación, definiéndonos como, en esencia, ajenos a la realidad. Por el contrario, somos salvajes: la consciencia vacía (conocida en la terminología ch'an como «mente vacía») que observa cómo la identidad se ensaya a sí misma en pensamientos y recuerdos que vienen y van sin cesar.

Con la experiencia, el proceso del pensamiento se ralentiza, y es posible observar cómo los pensamientos surgen del vacío oscuro, evolucionan a través de sus transformaciones y desaparecen de nuevo en el vacío. Al parecer, los pensamientos aparecen y desaparecen exactamente del mismo modo que aparecen y desaparecen las diez mil cosas del Cosmos empírico. Por lo tanto, el pensamiento y las cosas comparten como fuente primigenia el mismo vacío generativo. En este sentido, la meditación revela que nuestros procesos mentales también son salvajes por su propia naturaleza: siempre forman parte del tejido vivo de un Cosmos generativo.

Al final, la corriente de pensamiento se silencia y habitamos en la mente vacía, que es en sí misma, ese suelo generativo. Aquí, quedamos enteramente libres del centro de identidad —es decir, libres del ensimismado e implacable proceso de pensamiento que nos define como centros de identidad separados del mundo que nos rodea—. Este es el corazón de morar en el ch'an: la mente y el Cosmos entretejidos de la forma cosmológica y ontológica más profunda, la identidad revelada en su forma más amplia y primigenia como nada menos que el propio tejido generativo, la gentil y nutricia «madre».

A estas alturas está claro que la meditación es en sí misma una práctica ecológica radical, aunque solo se practique lo suficiente como para ver las estructuras básicas que revela, estructuras de la Mente salvaje integradas en la Tierra salvaje. Es una forma notablemente sencilla y directa de curar esa herida de la consciencia desgarrada del tejido de la existencia. En esa curación, las cosas empiezan a parecer diferentes. Una vez que la mente está vacía y en silencio, la percepción se convierte en una forma particularmente espiritual de práctica ecológica: la atención a las cosas y la apertura de la consciencia funcionan como un espejo que refleja el mundo con perfecta claridad, sin permitir ninguna distinción entre el interior y el exterior. Así, las diez mil cosas se convierten en el contenido mismo de la consciencia, se convierten, de hecho, en la identidad misma. Este reflejo de la mente vacía es una celebración del parentesco absoluto: la consciencia se vuelve el Cosmos mirándose a sí mismo. De este modo, la visión profunda también es una práctica que cura la herida de la consciencia.

El reflejo de la mente vacía reintegra la consciencia y las diez mil cosas de la Tierra salvaje como una cuestión de experiencia cotidiana inmediata. Esta atención cotidiana a la pura esencialidad de las cosas —ya sea contemplando el agua de un arroyo que trenza la luz a través de las rocas o el tráfico que serpentea por las calles de una ciudad—, es, por tanto, una práctica profundamente ecológica. Es una celebración y una ética, porque al honrar la esencialidad elemental de las cosas en sí mismas, les otorga un valor a la vez elemental y absoluto. Así pues, la práctica ch'an es el cultivo del amor a niveles primordiales, porque ver las cosas tan profundamente es amarlas. Es ver como lo hace el Cosmos. El Cosmos es perfectamente indiferente. Y sin embargo, qué extraño: a través de nosotros ama las diez mil cosas de este mundo.

Ese amor es el tejido de la poesía china clásica, que cultiva el parentesco con el mundo representando el paisaje (literalmente «ríos-y-montañas») en imágenes concisas. Su claridad imaginativa manifiesta ese reflejo de la mente vacía ch'an —el vasto paisaje de ríos-y-montañas de la Tierra, que sustituye al pensamiento e incluso a la propia identidad, revelando la unidad de la consciencia y el paisaje/Cosmos—. De este modo, se crea una identidad más amplia, una identidad expansiva hecha literalmente del paisaje de la Tierra salvaje y sus diez mil cosas. En este caso, la ética de la visión profunda y la esencialidad adquiere una nueva profundidad: lo que se le hace a la Tierra salvaje, se nos hace a nosotros, como reconoció Mencio (siglo IV a.e.c.) al principio del desarrollo del marco conceptual de la antigua China: «Las diez mil cosas están todas en mí. Y no hay mayor alegría que mirar dentro de mí y encontrarme fiel a ellas».[10] Y así, el vasto y pequeño poema de Tu Mu es una ética:

GARZAS

Mantos de nieve, crestas de nieve y picos de jade celeste
pescan en arroyos sombríos. Luego, alzando el vuelo,

abandonan montañas esmeralda en pos de distancias
encendidas.
Flores de peral, de un árbol repleto, caen en el viento de la
tarde.

10 *Mencio* XIII.4. Véase mi obra *Mencius*. También en mi *The Four Chinese Classics*.

3

Los poemas de Robinson Jeffers abordan, inevitablemente, de un modo u otro, la herida de la consciencia moderna y sus consecuencias éticas, claramente delineadas en una versión más completa del pasaje que acabamos de ver:

> [...] Una mano cercenada
> Es cosa fea, y el hombre desarraigado de la tierra y de las estrellas, y de su historia... por contemplación o por hecho...
> También se ve atrozmente feo. Integridad es totalidad, la mayor belleza es
> Totalidad orgánica, la totalidad de la vida y de las cosas, la belleza divina del universo. Ama eso, no al hombre
> Que está aparte de eso, o compartirás las lamentables confusiones del hombre, o te ahogarás en la desesperación cuando sus días se oscurezcan.

Jeffers aboga por el parentesco a un nivel elemental —de hecho, habla desde ese parentesco—. La suya es una voz elemental del propio planeta, una poesía de largas líneas retumbantes que se mueven con las cadencias del oleaje del Pacífico, que golpea contra el borde del continente bajo su casa en la costa de California. Esto se ve en estas líneas de su magistral poema «Fin del Continente» [*Continent's End*] (1924), donde se dirige al mar como nuestra «madre»:

Fin del Continente

En el equinoccio, cuando la tierra estaba velada por una lluvia tardía, cubierta de amapolas húmedas, esperando la primavera,
El océano se creció por una tormenta lejana y venció sus fronteras, el oleaje del suelo sacudió los lechos de granito.

Contemplando los límites de granito y rocío, y las marcas establecidas del mar, sentí detrás de mí
Montaña y llanura, la inmensa anchura del continente, delante de mí la masa y el trecho duplicado de agua.

Dije: Tú juntas las Rocas-Foca Aleutianas[11] con las siembras de lava y coral que florecen el sur,
Sobre tu diluvio, la vida que buscó la salida del sol se enfrenta a la nuestra que ha seguido al lucero de la tarde.

Las largas migraciones se cruzan contigo y no es nada para ti, nos has olvidado, madre.
Eras mucho más joven cuando nos arrastramos del vientre y nos tumbamos a la vista del sol, sobre la línea de costa.

Fue hace mucho, mucho tiempo; hemos crecido orgullosos desde entonces y tú has crecido en amargura; la vida conserva
Tu fuerza móvil, suave e inquieta; y envidia la dureza, la insolente quietud de la piedra.

Las mareas están en nuestras venas, aún somos reflejo de estrellas, la vida es hija tuya, pero habita en mí
Algo más viejo y más duro que la vida, y más imparcial, el ojo que miraba antes de que hubiera océano.

---

11 Jeffers puede referirse aquí a la cadena de islas Aleutianas, un archipiélago en el límite norte del océano Pacífico, entre Alaska y Rusia. [N. del T.]

Que te vio llenar tus lechos con la condensación de fino vapor y luego te vio cambiarlos,
Que te vio, suave y violenta, desgastar tus fronteras, comerte la roca, cambiar de lugar con los continentes.

Madre, aunque el compás de mi canción sea como el antiguo ritmo del latido de tu oleaje, nunca lo aprendí de ti.
Antes de que hubiera agua hubo mareas de fuego, nuestros dos tonos brotan de la fuente más antigua.

Por improbable que parezca, los imponentes poemas de Jeffers son parientes cercanos de «Garzas». El poema «Garzas» [*Egrets*] parece no mostrar ningún esfuerzo, pues se desenvuelve a sus anchas dentro de una tradición filosófica ecocéntrica. Esto para Jeffers era muy distinto, puesto que una perspectiva ecocéntrica representaba un desafío fundamental a la tradición occidental centrada en el ser humano. De esta manera, no podía evitar sufrir una severa polémica de intención ética radical. Incluso ahora, un siglo después, su idea de que la autorrealización de la Tierra salvaje, y de sus habitantes, es tan valiosa como la autorrealización humana sigue siendo totalmente ajena, si no censurable, incluso para la mayoría de los ecologistas. Por otro lado, no ayudó que Jeffers, burlonamente, calificara sus ideas de «inhumanismo», que él lo definía como «un desplazamiento del énfasis y la significación del hombre al no-hombre; el rechazo del solipsismo humano y el reconocimiento de la magnificencia transhumana».[12] Jeffers hablaba en nombre del planeta y del Cosmos, denunciando el impacto medioambiental de una población humana demasiado numerosa, egoísta y rapaz. Pero al mismo tiempo, Jeffers proponía una forma revolucionaria (para Occidente) de autorrealización, una autotransformación

12 Prefacio de *The Double Axe & Other Poems* (1977), p. xxi.

liberadora en la que restablezcamos nuestro parentesco de Mente salvaje con esa «totalidad orgánica» del universo. Y como no lo hemos hecho, imagina

> La tierra, en su sueño profético infantil,
> Sigue soñando con el baño de una tormenta que aguarda en
> la extensa costa
> Del futuro para limpiar más allá de sus líneas marítimas:
> Las ciudades disminuyen, las gentes se reducen y los halcones
> se multiplican,
> Los ríos desembocan en fuentes puras; cuando el bípedo
> Mamífero, de algún modo uno de los animales más nobles,
> recupere
> La dignidad de la sala, el valor de la rareza.[13]

Jeffers forjó sus ideas hace un siglo. Desde entonces, ha quedado cada vez más claro lo acertada que era su evaluación. La población humana y la explotación destructiva han aumentado exponencialmente y, como resultado, nos encontramos actualmente en medio de una Gran Desaparición que, con toda probabilidad, incluirá a la raza humana. Resulta que, como predijo Jeffers, la «tormenta que aguarda en la extensa costa / del futuro» ha llegado, y es el propio animal humano.

Aproximadamente medio siglo después de que Jeffers diera la voz de alarma, cuando empezaban a reconocerse las terribles dimensiones de la Sexta Extinción de la tierra, el historiador Lynn White escribió un ensayo fundamental y ampliamente influyente, «The Historical Roots of Our Ecological Crisis» (1967). En él, White concluía que la perspectiva centrada en el ser humano que Jeffers cuestionaba era, sencillamente, el paradigma cristiano, cuyo mito de la creación sentó las bases de la destrucción ecológica generalizada:

13 «November Surf».

> Por etapas graduales, un Dios amoroso y todopoderoso había creado la luz y las tinieblas, los cuerpos celestes, la tierra y todas sus plantas, animales, aves y peces. Finalmente, Dios había creado a Adán y, a posteriori, a Eva para evitar que el hombre se sintiera solo. El hombre dio nombre a todos los animales, estableciendo así su dominio sobre ellos. Dios planeó todo esto explícitamente para beneficio y dominio del hombre: ningún elemento de la creación física tenía otro propósito que servir a los propósitos del hombre. Y, aunque el cuerpo del hombre es de barro, no es simplemente parte de la naturaleza: está hecho a imagen de Dios.
>
> [...] El cristianismo es la religión más antropocéntrica que ha visto el mundo. [...] El hombre comparte, en gran medida, la trascendencia de Dios en la naturaleza. El cristianismo, en absoluto contraste con el paganismo antiguo y las religiones de Asia (excepto, quizás, el zoroastrismo), no solo estableció un dualismo del hombre y la naturaleza, sino que insistió en que es voluntad de Dios que el hombre explote la naturaleza para sus propios fines.[14]

Esta historia nos sitúa por encima del resto de la «creación» y hace que nuestra explotación de la tierra sea un imperativo divino, ya que en la intención más amplia de Dios, los humanos habitamos la tierra como parte de un plan divino de redención. Estamos siendo puestos a prueba, y la tierra es el campo de pruebas, destinado a que lo utilicemos para demostrar que somos dignos de volver a unirnos a Dios y disfrutar de la felicidad eterna en el cielo. El paisaje salvaje no era más que un escenario y una base de recursos para la aventura humana, algo para dominar, poseer y explotar, en el viaje hacia reinos espi-

14 *Science* 155, 1967. El ensayo de White ha sido ampliamente antologado y ha generado una industria de escritos en respuesta a sus ideas.

rituales más reales que este terrenal. Es un esquema extraño y fantástico, y los resultados han sido catastróficos.

Tal vez sea cierto que nada puede salvar el planeta en este momento, tal vez la Gran Desaparición ya esté demasiado avanzada. El paradigma greco-cristiano, que funciona como un cuerpo de suposiciones apenas perceptible, ha conjurado todos los aspectos de nuestra vida material: toda la egocéntrica extravagancia capitalista, globalizada y consumista, que concede poco o ningún valor a lo no-humano. Quizá sea demasiado tarde para cambiar eso, y todo nos resulte ya demasiado abstracto, demasiado lejano. ¿Quién mataría por sí mismo a una orca recién nacida para obtener unos cuantos litros de gasolina? Pero seguimos poniendo combustible en nuestros coches, los remotos buques petroleros siguen surcando las aguas de las orcas, y esa cría de orca muere.

Lo que debe cambiar es la naturaleza misma de nuestra existencia material. La única manera de que eso ocurra, propone White, es con una transformación total de los supuestos culturales que dan forma a nuestra existencia material. La palabra china para referirse a esos supuestos culturales es 經, construida a partir del elemento básico «seda»: 糸, que en su primera forma más claramente pictográfica era 𥾅, mostrando la seda que emerge de un par de capullos en forma de tres hebras que se habrían hilado. 經 significaba originalmente la «urdimbre» sobre la que se tejen los hilos cruzados para crear telas estampadas. Pasó a tener el significado de los elementos duraderos sobre los que se tejen los patrones de la cultura y la consciencia, de ahí: «los clásicos» o «los conceptos o principios permanentes de una cultura». Es decir, las estructuras que articulan y preservan los supuestos culturales que definen nuestra forma de vida: la filosofía, la literatura, el arte.

Derribar los supuestos culturales que conforman nuestro pensamiento y nuestra experiencia sería abrirnos por completo al parentesco y al amor de la Mente salvaje, pero esto no puede ser fácil. Esos supuestos insospechados representan nuestro hogar filosófico, nuestra orientación en el mundo, nuestra propia identidad —y abandonar la seguridad y la comodidad del hogar siempre es difícil—. El paradigma greco-cristiano sigue teniendo una gran influencia en nuestra sociedad. Y llega tarde, muy tarde. Pero, como pronto veremos, aquí ya se está produciendo un cambio de paradigma, una transformación cultural que comenzó con el descubrimiento de otro poema antiguo —*De la Naturaleza de las Cosas*, de Lucrecio—, continuó con la Revolución Científica del siglo XVII, y luego con los filósofos y poetas panteístas de los siglos XVIII y XIX.

Nuevamente, esto ya ha ocurrido antes. Hay un precedente: la antigua China, donde hace tres mil años la cultura experimentó una monumental transformación cultural que fue esencialmente la misma que la que ya está en marcha aquí, la que tanto necesita nuestro planeta. La grafía primitiva para «hilos de urdimbre culturales» es 經, en el que al elemento *seda* se añaden los del agua (巛: imagen pictográfica de la corriente ondulante de un río) y la tierra (土, versión estilizada de , la forma primitiva de hueso-oracular[15] que muestra un trozo de arcilla en un torno de alfarero). Y así, como veremos en el próximo capítulo, los hilos de urdimbre cultural creados por esa antigua transformación china fueron la tierra y el agua: el planeta mismo.

15 Un hueso oracular es un caparazón de tortuga o un hueso de animal (generalmente una escápula) que ha sido grabado con inscripciones. Estas inscripciones son los ejemplos más antiguos de escritura china arcaica que se conocen. [N. del T.]

4

EN TODO EL MUNDO, los cazadores-recolectores paleolíticos vivían integrados en la Tierra salvaje —en pequeñas bandas, en refugios efímeros, vagando por el paisaje y viviendo de la generosidad de la tierra fecunda—. El arte, los rituales y la espiritualidad paleolítica celebraban la Tierra salvaje, su abundante poder generador y nuestra pertenencia a sus maravillosas transformaciones. La revolución neolítica, que se produjo de forma escalonada en distintas zonas pero que comenzó entre diez y quince mil años atrás, marcó un cambio significativo en la historia humana. Sin embargo, en Norteamérica, el escepticismo sobre sus ventajas fue notable y solo se adoptó de forma indecisa en unas pocas zonas antes de la invasión europea y, a menudo, se abandonó en favor de los modos de vida de los cazadores-recolectores. Con esta revolución, la gente empezó a asentarse en pueblos, enclaves permanentes separados del paisaje. Esta separación se intensifica exponencialmente en nuestra cultura urbana moderna. En este panorama, empezaron a controlar la «naturaleza» en forma de plantas y animales domesticados, inscribiendo así en su vida cotidiana una relación instrumentalista y desapegada con el mundo. Junto con esto, la Tierra salvaje pasó a ser vista no como un pariente, sino como una amenaza para el reino cultivado de los humanos, como algo que hay que superar para aumentar la seguridad y la productividad.

Esta revolución se reflejó en una revolución espiritual. Las culturas neolíticas adoptaron deidades de otros mundos que tenían la misma relación con la Tierra salvaje: exterior, distante y controladora. Eran religiones antropocéntricas, en las que la práctica religiosa consistía en convencer a esas deidades para que controlaran la realidad en beneficio de la humanidad. Esto culminó en el monoteísmo judeocristiano y en las otras «grandes» religiones del mundo —con la única excepción del budismo—. En China, esta transformación se completó con los Shang (1766-1040 a.e.c.), la primera dinastía histórica del país. La cultura Shang se basaba en un paradigma monoteísta espiritualizado que apenas difería, en sus líneas fundamentales, del Occidente cristiano. En la dinastía Shang, se creía que todas las cosas habían sido creadas y controladas por una deidad monoteísta todopoderosa muy parecida al dios del cielo de la teología cristiana, una deidad conocida simplemente como Señor-Celestial (上帝: *Shang-Ti*). Tal como en la tradición de Occidente, las personas se experimentaban a sí mismas como espíritus que volvería tras la muerte a habitar el reino espiritual del Señor-Celestial.

Los gobernantes Shang ostentaban el poder porque en el mito cultural eran descendientes del Señor-Celestial, y mediante la oración y el sacrificio podían influir en la forma en que este dirigía el flujo de los acontecimientos. Pero con el tiempo, esos gobernantes se volvieron insoportablemente tiránicos, y la dinastía fue derrocada. Fue sustituida por la dinastía Zhou (1040-223 a.e.c.), cuyos gobernantes reinventaron el Señor-Celestial como un «Cielo» impersonal, poniendo así fin a la pretensión Shang de legitimidad por linaje. Los gobernantes Zhou justificaron su gobierno afirmando que tenían el «Mandato del Cielo», así que cuando su gobierno empezó a tambalearse, la última semblanza de la cosmología teocrática se desmoronó, sin dejar ningún sistema organizativo para estructurar la sociedad.

Las «Cien Escuelas» de pensamiento, que incluían a filósofos como Lao Tzu y Confucio (V-VI a.e.c.), lucharon por inventar un nuevo marco filosófico que pudiera sustituir el sistema espiritualista por otro humanista, basado en la realidad empírica. Un aspecto transitorio de esta transformación fue la reinvención del Cielo como un concepto totalmente empírico: la fuerza cosmológica generativa que impulsa el cambio planetario del proceso natural de la Tierra. Fue una estrategia para secularizar lo sagrado y, al mismo tiempo, investir lo secular con dimensiones sagradas. Dicha estrategia la veremos reproducida dos mil quinientos años más tarde en Occidente, cuando el cristianismo convencional sea sustituido entre la clase intelectual por diversas formas de panteísmo.

Este concepto transicional de Cielo fue sustituido en el pensamiento de Lao Tzu por el concepto totalmente secular que ya hemos enfrentado (p. 12): Tao, que era esencialmente sinónimo de Cielo, pero sin la dimensión metafísica del Cielo. Este Tao estaba en el corazón de un marco cultural que surgía de la cosmovisión paleolítica que había sobrevivido bajo la estructura de poder teocrática de los Shang. Aquí, el ser humano se suponía de nuevo entretejido con la tierra y el Cosmos, la inteligencia humana (mente/espíritu) se entendía como un fenómeno totalmente natural, parte de una «inteligencia» cósmica. Esto no era teología, insinuando que participamos de alguna inteligencia divina detrás del Cosmos. Y no era antropomorfismo, atribuyendo características humanas al Cosmos. Por el contrario, reconocía lo que la ciencia pasa por alto en sus explicaciones de la realidad: el fundamental misterio de que nuestro Cosmos tiene una capacidad inherente para ordenarse y organizarse (exactamente lo que la ciencia estudia y descifra). ¿No es eso lo que es la «inteligencia» a un nivel elemental: la capacidad de ordenar y organizar? Para los antiguos chinos, la inteligencia humana no era más que un caso particular de esa capacidad organizadora más genérica del Cosmos.

Existe en chino clásico un nombre para esto: 意, que tiene un abanico de significados: «intencionalidad», «deseo», «sentido», «percepción», «pensamiento», «inteligencia», «mente» (la facultad de pensar). La suposición occidental natural sería que estos rasgos se refieren a la consciencia humana, pero 意 también se utiliza a menudo de manera filosófica en relación con el mundo no-humano. En este uso significa la «intencionalidad/deseo/inteligencia», la capacidad de orden inherente, que da forma al proceso cosmológico continuo de cambio y transformación de la realidad. Cada cosa particular, en su propio origen, tiene su propio 意, al igual que el Cosmos en su conjunto.

Esta gama de significados vincula nuestra mente humana (intención/pensamiento) con los movimientos generadores del Cosmos, describiendo el pensamiento humano como una manifestación más de una «inteligencia» que infunde toda la existencia. 意 es, por tanto, una capacidad que el pensamiento humano comparte con los animales salvajes y el paisaje y, de hecho, el Cosmos entero —un reflejo de la suposición china de que lo humano y lo no-humano forman un único tejido que «piensa» y «quiere»—. En este sentido, la mente no es un centro de identidad trascendental separado que contempla la realidad, como suponemos en Occidente. Por el contrario, está totalmente entrelazada en el tejido siempre generativo de un Cosmos vivo e «inteligente».

Como extensión de la brecha entre la consciencia humana y la «naturaleza», la cultura occidental asume que la civilización humana es radicalmente diferente de la «naturaleza», un dualismo metafísico que recapitula la separación del cielo y la tierra, el sujeto y el objeto, el lenguaje y la realidad, etc. Es como si estuviera ahí, en el significado de la palabra *naturaleza*, que excluye por definición a la humanidad y sus civilizaciones de la Tierra salvaje, y revela así ese dualismo como un supuesto cultural inadvertido. Como ocurre con los demás dualismos metafísicos de Occidente, esta división entre civilización humana y «naturaleza» era desconocida en las culturas primitivas, donde simplemente no existía un espacio «civilizado» en contraposición con el espacio «natural» —ya fuera mental o físico—. Tampoco se conocía en la antigua China, a pesar de que este país contaba con el espacio «civilizado» diferenciado de una civilización urbana compleja.

La integración china de los conceptos «civilización» y «naturaleza» se resume en el ideograma 文, que se refiere a los patrones del Cosmos, patrones creados por 意. Estos patrones incluyen cosas como las vetas de la piedra y las ondas del agua, los patrones de las estrellas y las progresiones estacionales, la vida y la muerte, la diversa gama de las diez mil cosas y sus transformaciones, y finalmente, como otro de esos patrones «naturales», la civilización: ciudades y mercados, gobierno y filosofía, poesía y pintura. De hecho, 文 es el elemento base de una amplia gama de ideogramas que tienen que ver con la escritura, la literatura y la cultura. Por supuesto, parece obvio, una vez que nos olvidamos de las arbitrarias estructuras metafísicas del Occidente greco-cristiano: dado que el *Homo sapiens* es indiscutiblemente tan solo una entre las innumerables formas de vida que han aparecido a través de los procesos evolutivos del planeta, ¿cómo podrían incluso las complejas orquestas sinfónicas o los aceleradores de partículas ser otra cosa que «naturaleza»? Cuando vemos nuestro esfuerzo humano de este modo, como algo salvaje en sí mismo, podemos vernos a nosotros mismos como parte integrante de la Tierra salvaje. De esta comprensión surge una asunción ética según la cual actuamos desde el amor y el parentesco por todo el tejido de la vida.

5

Al llegar a Los Ángeles en 1914, Robinson Jeffers y su nueva esposa descubrieron la belleza salvaje de la costa de Carmel y el Big Sur y sintieron que habían vuelto a casa, a su «lugar inevitable». Jeffers fue el poeta estadounidense que originó el paisajismo, y fue su inmersión en este impresionante paisaje lo que le liberó de nuestra perspectiva centrada en el ser humano. ¿Y por qué no?, como bien sabían los antiguos chinos, el paisaje salvaje es donde podemos conocer como experiencia inmediata lo no-humano en toda su vasta magnitud, donde podemos sentir las dimensiones magistrales de la Tierra salvaje, sentirnos como una parte pequeña e integral de su «totalidad orgánica». La intención de la poesía de Jeffers es similar a la de antiguos poemas chinos sobre ríos y montañas, como «Garzas»: hacernos sentir las cosas desde esa perspectiva de pertenencia ecocéntrica.

Las suposiciones europeas centradas en el ser humano han excluido históricamente este tipo de experiencia paisajística, esta integración del ser humano y el paisaje. El marco greco-cristiano nos ocultó de nuestra naturaleza original como parte integrante del ecosistema planetario y, por tanto, emparentado con toda la vida. En ese sentido, ha negado nuestra humanidad de la forma más fundamental. Una patria que es bella y espiritual, que sustenta y transforma —tales actitudes hacia el paisaje salvaje son familiares hoy en día, pero eran prácticamente desconocidas en Occidente hasta hace unos siglos—. William Bradford, desde la cubierta del Mayflower a su llegada a Cabo Cod en 1620, describió en su diario la Norteamérica salvaje como «un desierto espantoso y desolado, lleno de bestias salvajes y hombres salvajes».[16] *Salvaje* en el contexto cristiano: un término de burla y asco. De hecho, la consideraba maligna, que debía ser domesticada y civilizada, armonizada con el orden divino de Dios.

Pero en la época de Bradford, una transformación cultural muy similar a la de la antigua China había empezado a tomar forma en Occidente, y cambiaría fundamentalmente nuestra relación con la Tierra salvaje. Al igual que nosotros buscamos en un poema de una cultura antigua una nueva perspectiva, esa transformación cultural comenzó con un poema recuperado de otra cultura clásica perdida: *De la Naturaleza de las Cosas* de Lucrecio (75 a.e.c.), un poema filosófico épico del Imperio romano que desarrollaba las ideas del filósofo griego Epicuro (341-270 a.e.c.). Epicuro se oponía explícitamente al platonismo, cuya metafísica espiritualizada establecía una dicotomía entre un «alma» trascendental y la «naturaleza», una metafísica que apoyaba la teología cristiana y definía los supuestos que daban forma a la experiencia en Occidente. Mediante la persecución y la quema de libros y bibliotecas, la cristiandad había borrado como herética prácticamente toda la herencia intelectual griega y romana, especialmente la escuela de pensamiento epicúreo, a la que pertenecía Lucrecio. La obra *De la Naturaleza de las Cosas* estuvo perdida durante mil quinientos años,

16 *Of Plimoth Plantation*, entrada del diario del 6 de septiembre de 1620.

antes de que en 1417 se descubriera una copia oculta en las sombras de un monasterio en las montañas de Alemania. Poco a poco, durante los siglos siguientes, las ideas radicales en *De la Naturaleza de las Cosas* impulsaron casi por sí solas la Revolución Científica y la Ilustración: de nuevo, lo antiguo como lo más radicalmente nuevo.

Las ideas radicales de Lucrecio, notablemente congruentes con el pensamiento taoísta de la China primitiva, representaban un resurgimiento del materialismo paleolítico, su inmediatez y su parentesco con la Tierra salvaje. Describía la naturaleza como una madre generadora, y la naturaleza fundamental de las cosas como el cambio: un proceso constante de creación, destrucción y regeneración. Vio cómo los humanos pertenecemos por completo a este Cosmos, cómo somos tan solo una pequeña parte de sus vastos y asombrosos procesos, una consciencia/alma hecha de la misma materia que todo lo demás. Para Lucrecio, las cosas no tienen un significado humano, no hay un fin o propósito hacia el que progresen. Pensaba que los humanos somos parientes de los demás animales, que poseen vidas interiores muy parecidas a la nuestra, y que este parentesco necesita una simpatía y una responsabilidad moral hacia ellos. Por último, rechazó la noción de un Dios que crea o controla la realidad según caprichos y milagros, proponiendo, en su lugar, que todo tiene una explicación natural. Como parte de este enfoque materialista, pensaba que el Cosmos está ordenado por leyes naturales inherentes que pueden comprenderse mediante la observación y la razón. De todo ello, se derivaba una profunda alegría y asombro ante el Cosmos, ante su vasto esplendor y ante nuestro parentesco absoluto con ese esplendor.

La Revolución Científica elaboró lentamente las implicaciones del poema de Lucrecio, valorando implícitamente las diez mil cosas en sí mismas: lo empírico y lo físico en lugar de lo mitológico y lo metafísico. Este cambio de actitud contribuyó al nacimiento de un influyente movimiento de defensa de los animales. En términos más generales, reveló lentamente todas las dimensiones de nuestro parentesco, desplazando progresivamente a los humanos del centro de la «creación» y revelando cómo somos una parte pequeña e integral de un Cosmos inmenso: Copérnico demostrando que la Tierra no es el centro del universo, Darwin que el ser humano es parte integrante del animal (una idea anticipada en Lucrecio, junto con la evolución), Lyell que la Tierra tiene una vida geológica propia que precede a la humanidad en vastas extensiones de tiempo, Freud que el ego (alma) no es el centro de la identidad, Hubble que el universo se extiende más allá de nosotros a través de distancias inconcebibles del espacio que contiene innumerables galaxias como la nuestra, y que se está expandiendo a velocidades increíbles.

Pero al mismo tiempo, la ciencia también impedía un sentido de parentesco fundamental porque objetivaba ferozmente la «naturaleza», intensificando así la separación greco-cristiana entre mente/alma y «naturaleza». Esta Revolución consideraba la «naturaleza» como un conjunto mecanicista de hechos que son objeto de *análisis* —del protoindoeuropeo *leu*, «dividir, cortar», es un acto violento de «separar algo complejo en elementos simples»— y conocimiento, un recurso del que se extraen datos —otra forma de esa relación distanciada e instrumentalista con la «naturaleza»—. No le interesaba dotar a la realidad empírica de una visión poética o espiritual convincente. Esa labor le correspondió a los poetas y pensadores de la época, que también se vieron influidos fundamentalmente por el poema de Lucrecio y la sensibilidad que engendraba. Los románticos británicos estaban a la vanguardia en este aspecto y, sorprendentemente, no estaban menos influidos por las culturas nativas americanas.

A partir de principios del siglo XVII, y reforzando las ideas revolucionarias del poema de Lucrecio, empezaron a aparecer en la prensa relatos que describían los modos de vida de los nativos americanos, los cuales llegaron a tener una gran influencia como crítica de los supuestos culturales europeos —el paradigma cristiano, que era de hecho la única posibilidad conocida en Europa en aquella época—. Esta «crítica indígena» incluye, sobre todo para nosotros, ese sentido de parentesco humano con lo salvaje, pero también una amplia gama de ideas que desafiaban los supuestos europeos y que, combinadas con el poema de Lucrecio, se convirtieron en un catalizador crucial de la Ilustración europea: razón y argumentación empírica, libertad individual e igualdad social (incluyendo notablemente a las mujeres)[17].

Esta literatura ampliamente leída, e incluso popular, incluía informes que describían a sabios ancianos indígenas, su sabiduría nativa y críticas a la civilización europea y a sus supuestos filosóficos, así como muchas descripciones de culturas nativas por parte de misioneros y viajeros en Norteamérica. Estos libros inspiraron, por poner un ejemplo muy influyente, las afirmaciones de Rousseau de que las sociedades primitivas ofrecían a la gente vidas más ricas y satisfactorias que las «civili-

17 Véase *El amanecer de todo: Una nueva historia de la humanidad*, de David Graeber y David Wengrow, para conocer la influencia transformadora de esta «crítica indígena» en la cultura europea. Y sobre el impacto de la cultura nativa americana en los poetas románticos, véase *Romantic Indians: Native Americans, British Literature, and Transatlantic Culture 1756-1830*, de Tim Fulford.

zaciones» de Europa. Aunque estos libros fueron generalmente rechazados en los círculos convencionales por su retrato admirativo de los pueblos nativos supuestamente «salvajes» de Norteamérica, fueron muy leídos e influyeron mucho entre los intelectuales, ofreciendo por primera vez en la cultura europea una visión real del ser humano y la naturaleza que era radicalmente diferente de la narrativa cristiana (y más tarde no serían menos influyentes para Thoreau y sus compatriotas intelectuales en la América del siglo XIX).

Atentos a las posibilidades sugeridas por los relatos de nativos americanos que vivían en armonía con la «naturaleza», los poetas románicos británicos descubrían en el paisaje montañoso y la naturaleza salvaje una experiencia arrebatadora que sentían sublime y espiritual, incluso trascendente. Se trata del parentesco humano primordial con la Tierra salvaje, que resurge a la consciencia con gran intensidad. Con ella llegaron a Occidente los primeros indicios de una Mente salvaje. La conmoción ante la posibilidad que ofrecía la «crítica indígena» fue fundamental para William Wordsworth hacia 1798, el momento en que su pensamiento dio el giro radical distintivo que encontramos en poemas como «Líneas Compuestas a Pocas Millas de la Abadía de Tintern» (véanse pp. 37-38). Imaginó su vida ideal en el Distrito de los Lagos de Inglaterra siguiendo el modelo de los sabios nativos americanos que vivían en armonía y comunión con la naturaleza virgen, lo que para él significaba cuerpo y espíritu liberados en una intensa inmediatez física.

Al imaginar la infancia en su poema épico *El Preludio* —por poner un ejemplo sencillo y directo—, Wordsworth se describió a sí mismo como un joven nativo americano impregnado de esta comunión, una riqueza que más tarde le fue robada por la alienación urbana de la «civilización», con su industrialización y su mercantilismo:

¡Oh! cuántas veces yo, un Niño de cinco años,
Un niño desnudo, en un delicioso Arroyo,
Un pequeño Caz[18] de molino cortado de su corriente,
He hecho un largo baño en un día de verano.
Tomaba el sol, me zambullía, y volvía a tomarlo otra vez
Alternando todo un día de verano, o corría
Sobre los campos arenosos, saltando a través de arboledas
De senecios amarillos,[19] o cuando las peñas y las colinas,
Los bosques, y la lejana altura del Skiddaw,[20]
Se bronceaban con un profundo resplandor, se quedaban solos
Bajo el cielo, como si hubiera nacido yo
En las Llanuras Indígenas,[21] y de la choza de mi Madre
Hubiera corrido en desenfreno, a divertirme,
Un Salvaje desnudo, en la lluvia de truenos.[22]

Wordsworth y los románticos ejercieron una profunda influencia entre los intelectuales estadounidenses y, a través de esta influencia, ese nuevo abrazo de la Mente salvaje y la Tierra salvaje se transmitió pronto a América,

---

18 Un caz de molino es una estructura artificial que se utiliza para canalizar el agua desde un curso natural, como un río o un arroyo, hasta un molino de agua. [N. del T.]

19 En inglés, *yellow grunsel*, puede corresponderse con la flores del género *Senecio*, específicamente al senecio común (*Senecio vulgaris*). [N. del T.]

20 El Skiddaw es un pico de montaña en el Parque nacional del Distrito de los Lagos, Inglaterra. [N. del T.]

21 Wordsworth se refiere a las tierras de los indígenas de las Llanuras, también conocidos como nativos americanos de las Llanuras, un grupo de diferentes tribus que habitaban las praderas de América del Norte. Su territorio abarcaba desde las Montañas Rocosas hasta el río Mississippi y desde Canadá hasta el norte de México. [N. del T.]

22 *The Prelude* (1805), Libro I, líneas 294-307.

abriendo a Thoreau y a figuras posteriores a la influencia más amplia y transformadora de la cultura nativa americana que aún sobrevivía a su alrededor. La reclusión de Thoreau en Walden Pond fue una práctica de autocultivo destinada a aproximarse —en la medida de lo posible, dada su propia situación cultural— al modo de vida indígena, por citar solamente uno de los innumerables ejemplos de esta figura seminal que estudió durante toda su vida la cultura nativa americana, tanto a través de los libros como del contacto directo.

Pero, por influyentes que fueran, las dimensiones filosóficas de la cultura primigenia eran, en la escasa medida en que se comprendían, un paso demasiado lejos. Wordsworth y sus compatriotas seguían necesitando concebir su revolución dentro del marco cristiano, todavía intachable, y en ese marco, la única explicación para esos sentimientos de éxtasis era algún tipo de comunión con una presencia divina en el paisaje. En este sentido, el mundo estaba revestido de un sentido de maravilla sagrada. Fue un proceso exactamente paralelo al panteísmo de transición que vimos en China tres milenios antes (p. 27), cuando el Cielo se redefinió como «los procesos naturales de la Tierra salvaje».

Este fue el panteísmo de Baruch Spinoza en el siglo XVII («Cuanto más sabemos de las cosas particulares, más sabemos de Dios», declaró en *La Ética*, de 1677); y también del deísmo, el marco conceptual predominante entre los intelectuales estadounidenses del siglo XVIII (incluidos los padres fundadores). Pero más importantes para nosotros son los poetas románticos británicos y el trascendentalismo de Emerson y Thoreau, pues en ellos el panteísmo empieza a tomar la forma de autorrealización personal y espiritual, como en «Helada a medianoche», de Samuel Taylor Coleridge, y «Líneas Compuestas a Pocas Millas de la Abadía de Tintern», de William Wordsworth, poemas que marcaron una época, escritos por amigos cercanos en 1798, al comienzo de la tradición romántica:

> [...] vagarás como una brisa
> Junto a lagos y costas arenosas, bajo los riscos
> De la antigua montaña, y bajo las nubes,
> Que representan en su masa lagos y orillas
> Y riscos de montaña: así verás y oirás vos
> Las bellas formas y sonidos inteligibles
> De esa lengua eterna, que vuestro Dios
> profiere, que desde la eternidad enseña
> Él mismo en todo, y todas las cosas en sí mismo.
> ¡Gran Maestro universal! [...] (*Coleridge*)

> [...] Y he sentido
> Una presencia que me perturba con la alegría
> De pensamientos elevados; un sentido sublime
> De algo mucho más profundamente interconectado,
> Cuya morada es la luz de los soles ponientes,
> Y el océano redondo y el aire vivo,
> Y el cielo azul, y en la mente humana:
> Un movimiento y un espíritu, que impulsa
> Todas las cosas pensantes, todos los objetos de todo pensamiento,
> Y rueda a través de todas las cosas. Por eso sigo siendo
> Un amante de los prados y los bosques
> Y montañas; y de todo lo que contemplamos
> De esta tierra verde; de todo el poderoso mundo [...]
> Yo, tanto tiempo
> Un adorador de la Naturaleza, llegué aquí
> Incansable en ese servicio [...] (*Wordsworth*)

El panteísmo era una visión convincente: bella, poética, espiritual, cósmica. Y como valoraba la «naturaleza», drásticamente, abría la posibilidad del parentesco amoroso. Pero aun así, a nivel estructural fundamental, deja intacta la separación cristiana entre lo humano y la «naturaleza» —la naturaleza sagrada sigue estando «ahí fuera», divina—. Nosotros seguimos siendo humanos, luchando espiritual y artísticamente para conectar con lo divino. El parentesco sigue siendo una relación distante y separada, y nunca fue una relación con la tierra en sí misma. No hay una Mente salvaje que forme parte de la Tierra salvaje. Mientras tanto, a medida que el empirismo estricto de la ciencia iba definiendo cada vez más nuestras suposiciones sobre el mundo, la idea de una presencia divina en el Cosmos resultaba cada vez menos convincente, ya se tratara de un dios cristiano convencional en los cielos o de una divinidad panteísta de la propia naturaleza terrenal.

La respuesta profundamente espiritual de los poetas románticos a la naturaleza procedía directamente de la experiencia inmediata de su fusión con lo maravilloso y lo sublime, que solo podían conceptualizar como divinidad. Pero cuando esa divinidad se hizo insostenible desde el punto de vista intelectual, lo maravilloso y lo sublime permanecieron. El científico y naturalista Alexander von Humboldt (1769-1859) fue uno de los primeros en reconocer y explorar las posibilidades que abría esta nueva claridad (lo nuevo y lo viejo: nuevamente, Lucrecio y el modelo indígena). Humboldt fue una superestrella internacional, una notable influencia para Wordsworth y Coleridge (confirmando y ampliando el enfoque radical que habían desarrollado), y positivamente transformador para la línea estadounidense de pensadores medioambientales: Emerson, Thoreau, Whitman, Muir y Jeffers.[23] Sus influyentes escritos prescindían de Dios

23 Véase especialmente *Cosmos* (publicación alemana de 1845, en in-

o de lo divino, y proponían que nuestro asombro ante la sublime naturaleza deriva de nuestra «comunión con la naturaleza» como presencia mágica, «una unidad en la diversidad de los fenómenos; una armonía que mezcla todas las cosas creadas, por muy diferentes que sean en forma y atributos; un gran todo animado por el aliento de la vida». Aquí se refiere al *aliento* no en el sentido de alguna agencia divina, sino como una única fuerza vital unificadora inherente al Cosmos material, ya que en otras partes describe el Cosmos como «animado por un aliento» y «animado por fuerzas internas». En claro contraste con la descripción científica de la naturaleza como una especie de máquina, Humboldt reconocía la Tierra como un todo orgánico, una red viva de vida interrelacionada: un «tejido intrincado como una red», una «maravillosa red de vida orgánica».

A medida que el Romanticismo evolucionaba en América desde Emerson y Thoreau, pasando por Whitman y Muir hacia Jeffers, iban surgiendo en sus pensamientos, y en los momentos más radicales de sus escritos, la visión secular de Humboldt —con su desafío a la necesidad de divinidad—. Era una visión de la Mente salvaje en relación con la Tierra salvaje que empezaba a parecerse a los paradigmas paleolítico y taoísta-ch'an. Aquí, la propia Tierra salvaje, sin recurrir a dimensiones de divinidad, es la puerta abierta a la autotransformación y la realización espiritual: visionaria y transportadora, como en la cosmología que da forma al poema taoísta-ch'an de Tu Mu, «Garzas». O los *Journals* de Thoreau, por poner un ejemplo del proceso de transformación cultural de Occidente. Tal vez esta sea la obra más radical del siglo XIX,

glés poco después), de Humboldt, que contiene todas las citas que siguen. Para una guía sobre Humboldt y su influencia, véase *The Invention of Nature: Alexander von Humboldt's New World* (2015).

pues los *Journals* registran una intensa y diaria atención al mundo inmediato, valorando y celebrando su milagrosa presencia como suficiente, e incluso deslumbrante, en cada uno de sus detalles. Por tanto, es una práctica de profunda percepción ch'an.

La gran transformación cultural de Occidente continuó en el siglo XX. El existencialismo y la fenomenología trataron de superar el pensamiento espiritualizado de Occidente para comprometerse directamente con nuestra *existencia* inmediata. La ciencia, por supuesto, continuó implacable en ese compromiso. Aquí en América, ampliando las posibilidades abiertas por Humboldt, Thoreau y Muir, hubo una proliferación de escritos sobre la naturaleza, algunos bastante populares y con un amplio impacto en la cultura: desde John Burroughs hasta Rachel Carson, y aún más allá.

Además, la innovadora poesía norteamericana del siglo XX incluyó quizás el desafío más radical al marco antropocéntrico de Occidente. Comienza con Ezra Pound a principios de siglo, que tomó prestado de la antigua China el imagismo del poema de las garzas de Tu Mu y los supuestos ch'an que este conlleva sobre el reflejo de la mente vacía. Las imágenes se convirtieron en el tejido de la poesía moderna, y Pound describió su efecto de una manera decididamente ch'an como «el instante preciso en que una cosa externa y objetiva se transforma, o se convierte en una cosa interna y subjetiva»,[24] un principio que William Carlos Williams pronto reafirmó como «no hay ideas sino en las cosas».[25] A mediados de siglo, Charles Olson profundizó en este impulso eco-poético cuando describió la función de la poesía como

24 «Vorticism» (1914).

25 *Paterson* (primer borrador, 1926; publicado en 1946-58) *passim*.

> deshacerse de la interferencia lírica del individuo como ego, del «sujeto» y de su alma, esa peculiar presunción por la que el hombre occidental se ha interpuesto entre lo que él es como criatura de la naturaleza (con ciertas instrucciones que llevar a cabo) y esas otras creaciones de la naturaleza [...]

Para Olson, un poema es espontáneo e improvisado, impulsado por los ritmos orales del cuerpo, del aliento. En otras palabras, se mueve con la energía del Cosmos, se mueve, de hecho, desde la fuente generadora de la existencia y sus acciones. Proclama que un

> poeta [bajará] a través del funcionamiento de su propia garganta a ese lugar de donde viene el aliento, donde el aliento tiene sus comienzos, de donde tiene que venir el drama, donde, es tal la coincidencia, brota todo acto.[26]

Y así, a lo largo del siglo, la innovadora poesía norteamericana ha funcionado como un proyecto filosófico destinado a liberarnos del alienado yo occidental, devolviéndonos a nuestra naturaleza animal original y reintegrándonos en los niveles más profundos de consciencia con el paisaje y el ecosistema, la tierra y el Cosmos.[27] Aunque apenas pueden sugerir el alcance de las estrategias de esta poesía, estos dos breves poemas fueron escritos a mediados de siglo por los principales herederos de la poesía paisajística californiana de Jeffers, Kenneth Rexroth y Gary Snyder, que escribían en las montañas de Sierra Nevada, donde comenzó el movimiento ecologista estadounidense cuando John Muir ayudó a fundar

26 Ambas citas proceden del influyente ensayo de Olson «Projective Verse» (1950). El otro ensayo fundamental de Olson para esta línea de pensamiento es "Human Universe" (1951).

27 Esta tradición está recogida en mi obra *The Wilds of Poetry: Adventures in Mind and Landscape*.

el Sierra Club en 1892 (a continuación, uno de Rexroth y otro de Snyder):

Las Luces del Cielo Son Estrellas

Tumbado bajo las estrellas,
En la noche de verano,
Tarde, mientras las constelaciones
Del otoño escalan el cielo,
Mientras el Cúmulo de Hércules
Cae por el oeste
Pongo el telescopio cerca
Y observo a Deneb[28]
Moverse hacia el cenit.
Mi cuerpo está dormido. Tan solo
Mis ojos y mi cerebro están despiertos.
Las estrellas me rodean
Como ojos de oro. Ya no puedo
Distinguir dónde empiezo y dónde acabo.
La tenue brisa en los oscuros pinos,
Y la invisible hierba,
La tierra que se inclina, las estrellas que pululan
Tienen un ojo que se ve a sí mismo.[29]

Ola

Una concha de almeja con surcos
  estriada en mármol,
barriendo la corteza escamada de pino ponderosa[30]

---

28 La estrella más brillante de la constelación del Cisne (*Cygnus*) y una de las más brillantes del cielo nocturno. [N. del T.]

29 «The Lights in the Sky Are Stars», de Kenneth Rexroth, traducido al castellano a partir de *In Defense of the Earth*, copyright © 1956. Reproducido con permiso de New Directions Publishing Corp.

30 También conocido como pino ponderoso, o pino real americano, es una especie de conífera muy común en estados como Montana o Idaho, de una corteza gruesa y de color naranja, con surcos agrietados negros

grano de madera[31] de un corte limpio
dunas de arena, como lava
fluyen
Ola esposa.
mujer —*wyfman*—[32]
«velada; vibrante; vaga»
cordilleras palpitantes de sierra dentada;[33]
vetas del revés de la mano.
Desprendida, en aluvión de lotos amarillos,[34]
lava
grandes dunas rodando
Cada centímetro ondeado, cada veta una ola.
Apoyada en cornisas de arena hasta que salgan volando
—viento, sacudida
espinas rígidas de choya, ocotillo[35]
a veces me quedo atascado en los matorrales—
Ah, *wyf*[36] temblorosa radiante en expansión
cebra galopante

---

y veta uniforme. En inglés se le llama también *Bull Pine* y *Blackjack Pine*. [N. del T.]

31 En la serrería, el «grano de madera» se refiere a la dirección en la que las fibras de la madera se extienden a lo largo del tronco del árbol. Es una característica importante que influye en la apariencia, la resistencia y la trabajabilidad de la madera. [N. del T.]

32 Snyder hace referencia aquí a la etimología de la palabra inglesa *woman* [mujer], compuesta por *wīf* (femenino) y por *man* (persona), en el inglés medio e inglés antiguo. [N. del T.]

33 En inglés, *sawtooth ranges* [en minúsculas]. Aquí Snyder puede hacer alusión también a la Cordillera Sawtooth, en Idaho. [N. del T.]

34 En inglés, *birdsfoot*, se corresponde con la flor *Lotus corniculatus*, también conocida como loto de cuernecillos, zapaticos de la Virgen o trébol criollo. [N. del T.]

35 La choya y el ocotillo son especies de plantas desérticas propias del norte mexicano y el suroeste de los Estados Unidos. [N. del T.]

36 Del inglés antiguo *wīf*, a diferencia de *wyfman*, este elemento se refiere tanto a la mujer humana como también a la esposa —de ahí *wife*— o a la hembra de cualquier especie. [N. del T.]

atrápame y lánzame a lo ancho
¡A la veta danzante de las cosas
de mi mente![37]

No es de extrañar que el paisaje salvaje no se convirtiera en un tema importante de la pintura hasta el siglo XIX, dados los supuestos rigurosamente humanos de la cultura occidental. Los pintores románticos europeos y la Escuela del Río Hudson de Estados Unidos (p. 44) retrataron el paisaje con la misma majestuosidad sublime que poetas románticos como Wordsworth, o como a continuación lo hace Percy Bysshe Shelley en el poema «Mont Blanc» (1816), donde la grandeza de la montaña pone a Shelley en «un trance sublime y extraño», un estado evocado en tempestuosas descripciones del magistral monte de «naturaleza salvaje»:

[…] el propio espíritu se desvanece,
Empujado como una nube sin hogar de escarpada en escarpada
¡Que se desdibuja entre los vendavales sin vista!
Lejos, muy arriba, perforando el cielo infinito,
Aparece el Mont Blanc quieto, nevado y sereno;
Sus montañas sujetas con sus formas sobrenaturales
Apilan alrededor, hielo y roca; amplios valles intermedios
De riadas heladas, profundidades insondables,
Azul como el cielo en lo alto, que se extiende
Y serpentea entre las escarpadas acumuladas;
Un desierto poblado tan solo por las tormentas,
Salvo cuando el águila trae algún hueso de cazador,
Y el lobo la rastrea hasta allí —¡horriblemente
Sus formas se amontonan alrededor! rudas, desnudas y altas,
Espantosas, llenas de cicatrices y desgarradas […]

37 «Wave» de Gary Snyder, traducido al castellano a partir de *Regarding Wave*, copyright © 1970. Reproducido con permiso de New Directions Publishing Corp.

Albert Bierstadt: *Among the Sierra Nevada*, California (1868). Museo Smithsoniano de Arte Americano.

Los pintores impresionistas y posimpresionistas adoptaron un enfoque más «secularizado» del paisaje. Pero no por ello estaban menos cautivados por su belleza y su forma, por su vida y su energía inherentes, que hacían de sus cuadros actos implícitos de parentesco.

El interés por el paisaje se desvaneció en las artes visuales del siglo XX (con algunas influyentes excepciones como los últimos Monet y Cézanne, Georgia O'Keefe, Milton Avery, o Ansel Adams). Pero desafiar la hegemonía de nuestra mente/alma racional, liberándonos de sus limitaciones, fue sin duda el principal motor de la innovación artística a lo largo del siglo XX. Se manifiesta en un sinfín de estrategias radicales: primitivismo, surrealismo, dadaísmo, abstracción, pintura de acción (¡salvaje!), poesía de azar,[38] minimalismo. Y, por último,

38 El autor habla de *chance operations*, técnica de creación poética que utiliza el azar como elemento fundamental para generar versos, poemas

el *Land Art*[39] que comenzó a finales de la década de 1960 creando arte a partir de la propia naturaleza, o arte en el que el artista es sustituido por los propios procesos de la naturaleza, integrando así lo humano y lo natural y prescindiendo de forma contundente del marco centrado en lo humano.

Mientras tanto, a medida que la influencia de esa celebración romántica de la naturaleza se extendía por la cultura, la gente empezó a aspirar a pasar tiempo en entornos naturales. Esto dio lugar a extensos sistemas de parques y reservas nacionales y estatales. A medida que la riqueza, el ocio y el automóvil aumentaron la movilidad de la gente, esos parques y reservas se convirtieron en destinos vacacionales habituales para los estadounidenses de zonas urbanas y suburbanas. En la actualidad, más de trescientos millones de personas visitan el sistema de Parques Nacionales —esta experiencia de primera mano con la Tierra salvaje solo puede fomentar sentimientos de amor y parentesco (no obstante, conviene recordar que el Servicio Nacional Forestal y el Departamento del Interior, que supervisan los terrenos públicos de Estados Unidos, valoran el entorno salvaje principalmente como un recurso que explotar, ya sea mediante la extracción o el turismo)—.

Sin embargo, una de las principales causas de la crisis medioambiental actual es el simple hecho de que gran

o incluso libros enteros. Se basa en la idea de que el azar puede ser una fuente de creatividad e inspiración, permitiendo al poeta explorar nuevas posibilidades y romper con las estructuras tradicionales de la poesía. [N. del T.]

39 También conocido como *Earth art* (arte de la tierra), es un movimiento artístico que se caracteriza por la creación de obras de arte a gran escala directamente en el paisaje natural, o incluso en entornos urbanos. [N. del T.]

parte de la humanidad vive en ciudades y tiene poco o ningún contacto directo con la naturaleza, así que ¿cómo podría valorarla? Las películas y los programas de televisión sobre la naturaleza abordan esta cuestión y, de hecho, pueden ser los defensores más influyentes de la Tierra salvaje en nuestra cultura en general. Presentan animales y ecosistemas con una intimidad extraordinaria y entrañable —animales que a menudo viven en sus propios contextos culturales y en sus propios términos—. Allí podemos observar su inteligencia innata, su mundo emocional, sus conexiones sociales, etc. —todo lo cual inspira un reconocimiento tanto de nuestro parentesco con ellos como de su propia autoestima, sugiriendo así un sentido de pertenencia humana a los ecosistemas planetarios—.

Pero aunque haya traído consigo una amplia concienciación medioambiental, la transformación filosófica de Occidente sigue sin asentarse. Nuestro sentido del parentesco aún carece de la profundidad de la ontología/cosmología taoísta-ch'an. Sin embargo, esa transformación cultural ha llegado al borde de la comprensión taoísta-ch'an, por lo que el antiguo precedente chino parece tan relevante en este momento — especialmente, porque sus profundidades filosóficas tienen una base empírica y, por tanto, no solo se adaptan bien a nuestro paradigma científico, sino que ya están implícitas en él.

Puede parecer demasiado obvio, pero es importante señalar otro sorprendente paralelismo entre las transformaciones culturales de la antigua China y el Occidente moderno. Desde los románticos británicos hasta los poetas y artistas de la tierra estadounidenses contemporáneos, ocurre lo mismo que con el pensamiento, la práctica y el arte taoístas-ch'an de la antigua China. En ambas tradiciones, cultivar y explorar la experiencia inmediata del mundo que nos rodea es el método más esencial y profundo de autocultivo y autorrealización. Es la forma de comprender la naturaleza más profunda de uno mismo en su forma más expansiva: la Mente salvaje integrada en la Tierra salvaje. Resulta que este cultivo de la integridad para uno mismo es, milagrosamente, también el cultivo de la integridad para el planeta.

6

Dentro de la transformación histórico cultural de Occidente, Jeffers ocupó un lugar crucial. Aunque atrapado en las limitaciones terminológicas que le legaron sus antepasados panteístas, él dio un radical paso, más allá de ellos. Su visión era fundamentalmente poscristiana, pues no estaba en absoluto centrada en el ser humano. Valoraba la Tierra salvaje por sí misma, por su propia autorrealización, no por cómo puede beneficiar o inspirar a la humanidad. De ahí, surgió la ética de Jeffers, basada en la tierra —que debemos amar al todo, no solo al ser humano—, una ética que le llevó a decir: «Sin contar la condena, antes mataría a un hombre que a un halcón».[40]

La influyente «ética de la tierra» de Aldo Leopold (de su ensayo «The Land Ethic» en *The Sand County Almanac*, 1949) propone un principio filosófico en consonancia con la visión espiritual de Jeffers, situando el valor ético primordial en el ecosistema y la tierra:

> La ética de la tierra simplemente amplía los límites de la comunidad [ética] para incluir los suelos, las aguas, las plantas y los animales, o colectivamente: la tierra [...]
> En resumen, una ética de la tierra cambia el papel del *Homo sapiens* de conquistador de la tierra-comunidad a simple

40 En: «Hurt Hawks».

> miembro y ciudadano de la misma. Implica respeto por sus semejantes, y también respeto por la comunidad como tal [...] [...] Las obligaciones no tienen sentido sin conciencia, y el problema al que nos enfrentamos es la extensión de la conciencia social de las personas a la tierra.

Estos principios condujeron a Leopold a un imperativo ético conciso: «Una cosa está bien cuando tiende a preservar la integridad, la estabilidad y la belleza de la comunidad biótica. Es incorrecta cuando tiende a lo contrario». Esto es, por supuesto, la Mente salvaje actuando como parte integrante de la Tierra salvaje.

Nacido el mismo año que Jeffers, Leopold desarrolló una influyente carrera como académico y en el Servicio Forestal de los Estados Unidos, durante la cual impulsó la labor política de John Muir defendiendo el valor de los espacios naturales. De hecho, su ética de la tierra se convirtió en el principal apoyo teórico de la visión de la conservación que define la corriente principal del ecologismo actual: la mayordomía ambiental,[41] la idea de que los seres humanos deben ser «mayordomos» que cuidan y preservan el mundo «natural» —Leopold y Muir tuvieron bastante éxito como defensores políticos, voces clave para convencer al gobierno de que estableciera políticas de conservación como los Parques Nacionales y los espacios naturales—.

La mayordomía ambiental es un paso más por encima de los supuestos occidentales tradicionales, sin duda, pero inevitablemente remite a valores centrados en el ser humano y a los beneficios que el paisaje preservado nos ofrece a los humanos: paisaje, recreo, sustento espiritual,

41 Del inglés *stewardship*, aunque el término *mayordomía* también suele utilizarse en el ámbito de la religión, en este caso se refiere al cuidado de los recursos naturales para las generaciones futuras.[N. del T.]

datos científicos, entorno habitable, entre otros. Todos ellos son esencialmente instrumentales y de explotación. La mayordomía suele operar dentro del paradigma cristiano, que sigue contando con la lealtad de una amplia franja de la población y de sus dirigentes políticos. Y así, por un lado, ha tenido un éxito práctico considerable, pero también, por otro lado, sigue siendo intensamente cuestionada por los conservadores que comparten el paradigma cristiano y siguen creyendo que la Tierra y sus diez mil cosas simplemente están *ahí para nosotros*. Ahora, como ambos bandos comparten el mismo paradigma, no hay forma de superar la discusión, ni de cambiar fundamentalmente nuestra relación con la Tierra salvaje. Por lo tanto, la eficacia de la mayordomía ambiental seguirá siendo limitada y continuaremos por el mismo camino que vamos.

Dado el asombroso poder tecnológico que hemos adquirido, en este momento, la mayordomía es la relación *de facto* entre la humanidad y la Tierra. Para que funcione, la mayordomía debe basarse en el supuesto no antropocéntrico de que existe un parentesco fundamental entre lo humano y lo no-humano, un supuesto que debe existir antes que la pregunta y el argumento, dando forma a la experiencia y la acción. Esto es, la visión, como veíamos anteriormente, de las culturas paleolíticas y de la China antigua. Solo así podremos valorar la Tierra y sus formas de vida individuales en sí mismas y por sí mismas, valorar su propia autorrealización como valoramos la nuestra. Leopold lo reconoció así. Anticipándose dos décadas a Lynn White, Leopold habló de la necesidad de un cambio paradigmático para apoyar su ética de la tierra, admitiendo que

> ningún cambio importante en la ética se ha logrado sin un cambio interno en nuestro énfasis intelectual, lealtades, afectos y convicciones. La prueba de que la conservación aún no ha tocado estos fundamentos de la conducta reside en el hecho de que la filosofía y la religión aún no han oído hablar de ella.

Leopold reconoce aquí el papel fundamental que desempeñan los «hilos de urdimbre» (經) sobre los que se teje una cultura. No intentó imaginar un nuevo paradigma, un nuevo sistema de «hilos de urdimbre». Parecía ignorar que tal paradigma ya estaba apareciendo como resultado de la transformación cultural que hemos trazado, y seguramente no sospechaba sus plenas dimensiones en el paradigma paleolítico/chino al que volveremos. En cualquier caso, este paradigma alternativo no tuvo una amplia influencia en la sociedad, y su ausencia ha seguido persiguiendo al ecologismo dominante, dejándolo sin «lealtades, afectos y convicciones» espirituales/filosóficas, que pudieran fundamentar sus aspiraciones de forma coherente. Sin ese cambio de paradigma, es poco probable que nuestro propio interés cambie mucho nuestro comportamiento, porque el impacto de nuestras acciones es tan remoto y abstracto que rara vez lo sentimos de forma inmediata. La ausencia de un paradigma ecocéntrico persigue no solamente a las grandes organizaciones ecologistas, que en general siguen siendo antropocéntricas en su defensa de la mayordomía ambiental, sino también a la corriente principal de escritores ecologistas.

En su influyente libro *El fin de la Naturaleza* (1989), Bill McKibben vuelve una y otra vez sobre la necesidad de cambios radicales de paradigma, como los propuestos por el panteísmo romántico, Robin Jeffers, la espiritualidad oriental y la ecología profunda —aunque, al mismo tiempo, los plantea y los descarta como poco realistas dada nuestra situación cultural y, por tanto, no merece la pena explorarlos en detalle—. Es muy posible que tenga razón, pero es una laguna que socava su esperanza en que los argumentos científicos sean suficientes para cambiar la catástrofe que está en curso, porque mientras funcionemos en el marco occidental centrado en el ser humano, es improbable que la ciencia que describe la devastación ecológica por sí sola cambie el comportamiento humano de forma sustancial. Este argumento es tan persistente que reaparece en las últimas palabras de su libro. Después de hablar de los patrones que imaginamos en las estrellas, como ejemplo de los patrones a través de los cuales los humanos ordenan y controlan la «naturaleza», termina: «tendremos que entrenarnos para no ver esos patrones. El consuelo que necesitamos es inhumano», sonando para todos como aquel Jeffers que ya antes había descartado por «vago, trascendental». Esta es la Mente salvaje integrante de la Tierra salvaje, ver como el Cosmos ve, la visión a la que llega Rexroth al final de «Las luces del cielo son estrellas» (p. 42):

> La tierra que se inclina, las estrellas que pululan
> Tienen un ojo que se ve a sí mismo.

7

Poco después de que apareciera la ética de la tierra de Leopold, ese paradigma ecocéntrico —del que Occidente «aún no había oído hablar»— se hizo más patente entre los intelectuales durante la revolución cultural estadounidense de los años cincuenta y sesenta. Había una poderosa dimensión filosófica que impulsaba su rechazo del cristianismo etéreo y puritano (¡*no* al cuerpo, a lo físico, a la tierra!), que había dominado la sociedad estadounidense. Jeffers era un anciano admirado por estos revolucionarios culturales, en gran medida porque proponía una transformación del antropocentrismo al ecocentrismo, todo un desafío de centrarse en la tierra para la cultura occidental centrada en el ser humano. Las pasiones ecocéntricas de estos revolucionarios desembocaron en una forma de defensa del medio ambiente muy distinta y más coherente, desde el punto de vista filosófico, que el modelo de mayordomía de los principales grupos ecologistas: la acción directa de ecoguerreros radicales como Greenpeace y EarthFirst!, que se describían a sí mismos como la tierra defendiéndose a sí misma.

Muchos de esos intelectuales de posguerra también reconocieron esa visión ecocéntrica en las culturas primigenias (especialmente en los nativos americanos locales, un retorno a los románticos británicos, Thoreau, etc.) y las asiáticas, en las que ciertamente constituía los términos mismos de la espiritualidad. En esto, el seminal Gary Snyder (pp. 41-43) fue quizás la voz más original e influyente. Snyder fue un serio estudioso tanto del ch'an como de las culturas primigenias. Una dimensión crucial de su amplio pensamiento es la sabiduría ecológica del ch'an, que cultiva la esencialidad salvaje de la tierra a través de la experiencia inmediata de la mente vacía. Acrecienta esto con lo primitivo, donde «la gente vive enormemente en el presente». Además, a la totalidad de la sabiduría primitiva y ch'an le contrapone la herida de la consciencia occidental, advirtiendo que

> una cultura que se aleja de la base misma de su propio ser —de la naturaleza salvaje exterior (es decir, la naturaleza salvaje, los ecosistemas salvajes, autocontenidos y autoinformativos) y de esa otra naturaleza salvaje, la naturaleza salvaje interior— está condenada a un comportamiento muy destructivo, en última instancia quizás autodestructivo.[42]

De hecho, como hemos visto anteriormente, los supuestos paleolíticos determinaron el marco conceptual taoísta-ch'an de la antigua cultura china. Según estos supuestos, el ser humano era parte integrante de la Tierra y de sus diez mil cosas y, por tanto, la gente estaba totalmente ligada a los procesos naturales de la Tierra. De hecho, el concepto de «naturaleza» o «salvaje» —todo lo que está por fuera del reino humano— sería inconcebible para los cazadores-recolectores del Paleolítico, porque no tenían un espacio cultural humano distinto de la Tierra salvaje, ni un ámbito subjetivo distinto del objetivo, ni, por tanto, una separación entre lo humano y lo no-humano.

Los cazadores-recolectores que habitaban originalmente Norteamérica, por ejemplo, no conocían ninguna

42 «The Wilderness» en *Turtle Island* (1974).

distinción fundamental entre ellos y los animales que cazaban. Reconocían que el mundo animal tenía una vida interior emparentada con la de los humanos. No había entonces suposiciones humano-centristas en las que los humanos somos cualitativamente más valiosos, como en la tradición occidental. De ahí se deriva una ética: cazar tan solo por verdadera necesidad, y nunca de forma frívola o irrespetuosa. Por eso cazaban con humildad, rezando y sacrificándose por el animal cazado, pues lo consideraban su hermano o hermana. O tal vez, antepasados. O tal vez, más exactamente, formas pasadas o futuras de sí mismos. Y sin embargo: no ellos *mismos*, ningún *yo mismo*. Porque no existía el concepto de mismidad en el sentido que normalmente reconocemos, mismidad que proyectamos sin darnos cuenta cuando intentamos trasladarnos o imaginarnos antropológicamente en esas culturas.

El animal cazado muere para que el cazador pueda vivir; la próxima vez, será el turno del cazador de morir para que el otro pueda vivir. Se trata de un profundo sentido del amor entre especies e intergeneracional, esa ofrenda de uno mismo para que otro pueda seguir viviendo. Aún más: como no había distinción entre el yo-espíritu y el cuerpo, comerse a otro animal era comerse todo su ser, no solo su cuerpo: como si su carne, en efecto indistinguible de su carne, su identidad y su naturaleza, pasaran a formar parte de ti. Se trata de un relato asombrosamente claro y revelador de la realidad: profundo, bello, preciso y tan desafiante para nuestros propios supuestos que es difícil incluso comprenderlo del todo, porque lo cambia todo.

He aquí un mundo impregnado de «espíritu», un término utilizado erróneamente por los antropólogos que intentan imaginarse a sí mismos en las culturas primigenias, pero que en realidad nunca abandonan las suyas. Porque el concepto en las culturas primitivas no se parecía en nada a nuestro «espíritu» o «alma» occidentales. Por el contrario, era fluido y permeable a través de las diferentes formas de vida, una fuerza vital universal que respiraba a través de las cosas. Este es un pensamiento que sobrevivió en el paradigma clásico chino, en conceptos como *ch'i* (氣). *Ch'i* se traduce a menudo como «fuerza vital» o «fuerza del aliento». Pero aquí no hay dualismo, como supone automáticamente nuestro marco conceptual, no hay separación de la realidad en materia y un «fuerza del aliento» («espíritu») que nos infunde vida. Más bien, *ch'i* es fuerza de aliento y materia, simultáneamente. Por lo tanto, el Cosmos es un tejido único, dinámico y generativo en su totalidad, y la materia y la energía son una única fuerza de aliento que surge a través de sus perpetuas transformaciones, una visión muy parecida a la de Humboldt: «un gran todo animado por el aliento de la vida» (p. 39).

Esta ontología/cosmología generativa no se parece en nada a la nuestra. Para nosotros, el tiempo lineal funciona como una suposición totalmente inadvertida sobre la naturaleza de la realidad, una gran estructura metafísica que damos por sentada. Sin darnos cuenta, habitamos esa dimensión metafísica, otra separación radical entre el ser humano y la propia Tierra salvaje. Esta metafísica del tiempo opera en la estructura de nuestro lenguaje y, en consecuencia, moldea la consciencia en niveles básicos inimaginables. Está presente en la gramática flexionada, en los verbos conjugados para situarlo todo en las dimensiones temporales del pasado, el presente y el futuro. También está ahí en la estructura del lenguaje escrito, que (en gran medida, debido a sus limitaciones funcionales) se mueve en línea recta, con frases que empiezan y terminan, una frase que lleva a la siguiente, un pensamiento que lleva al siguiente, etc. Pero el propio pensamiento, en las culturas primigenias preliterarias e incluso en la actualidad (por mucho que nuestras suposiciones nos cieguen ante este hecho), es más espacial, cíclico e impermanente, como lo es el lenguaje hablado. Este vaga y desaparece, se fragmenta y ramifica, se desplaza a algún lugar nuevo y luego regresa a pensamientos anteriores, pensamientos que luego se remodelan y pronto desaparecen. Se mueve como se mueve la realidad empírica.

No hay razón para pensar que esta dimensión que llamamos «tiempo» exista. Si lo buscamos, no encontraremos nada, nada más allá del cambio en sí mismo, el proceso continuo de transformación de la Tierra salvaje. Así es como lo experimentan las culturas primigenias y la antigua China: no como una progresión lineal, sino como un momento generativo continuo y global. En su obra «Un Modelo Nativo Americano del Universo» (1936, publicada en 1950/56), Benjamin Whorf reconoció esta misma ontología/cosmología en la lengua hopi,[43] que en los niveles profundos de la gramática conserva estructuras paleolíticas. Whorf describe el sentido hopi de que la realidad se «manifiesta» a partir de una potencialidad que

> existe en la mente, o como los hopi preferirían decir, en el corazón, no solo en el corazón del hombre, sino en el corazón de los animales, plantas y cosas, y detrás y dentro de todas las formas y apariencias de la naturaleza en el corazón de la naturaleza. También por una implicación y extensión que ha sido sentida por más de un antropólogo —aunque difícilmente sería pronunciada por un hopi mismo—, tan cargada está la

43 Lengua del homónimo pueblo indígena americano que ha habitado la región de Arizona en Estados Unidos desde tiempos ancestrales. [N. del T.]

> idea de asombro religioso y mágico, en el corazón mismo del Cosmos, en sí mismo.[44]

Este proceso de emergencia desde «el corazón mismo del Cosmos» sobrevive en el concepto chino de *ch'i*, y también de *tzu-jan*: que literalmente significa «así mismo» o «por sí solo», enfatizando la particularidad y autosuficiencia, la *esencialidad*, de cada una de las diez mil cosas (mentales y físicas) que componen el proceso generativo del Tao. Esto sobrevive, como en los hopi, en el nivel más básico de la propia lengua: en lugar de tiempos verbales que inscriben un tiempo lineal en la consciencia, el chino clásico simplemente registra la emergencia, *tzu-jan*, el suceso que aparece por sí mismo en una especie de presente sin limitaciones. Así, como un supuesto irreflexivo: Tao, la realidad vista como una textura generativa —y en femenino, como madre—.

Ética, espiritualidad y cosmología: todo ello se plasma en las artes, que dan vida a los «hilos de urdimbre» de una cultura (el «énfasis intelectual, las lealtades, los afectos y convicciones» de Leopold) para su mismo pueblo.

A estas alturas de la historia, resulta difícil evitar la conclusión de que el arte y la literatura deben abordar la Mente salvaje y su arraigo en la Tierra salvaje para ser significativos. Se convertirían entonces en parte del problema al reflejar simplemente una mayor autoimplicación humana que refuerza el distanciamiento de la humanidad respecto a la tierra, ya sea de manera hostil o indiferente. De hecho, desde la perspectiva absoluta de la Tierra salvaje/Cosmos, ¿no carecen en el fondo de sen-

44 En *Language, Thought and Reality* (1956). El ensayo de Whorf ha sido ampliamente antologado y ha generado una industria de respuestas mayoritariamente críticas. Pero ha resistido las críticas y sigue siendo convincente en muchos aspectos.

tido porque están despojados de su verdadero contexto y, por tanto, no tienen un marco de referencia en el que adquirir un significado real?

En el Paleolítico, los poemas y las historias hablaban de la existencia humana integrada en el paisaje y otros animales (lo que llamamos «animales», ya que, al igual que los dualismos espíritu-cuerpo y sujeto-objeto, esta dicotomía humano-animal era desconocida para los cazadores-recolectores). Entonces, el arte visual representaba principalmente el mundo animal no-humano —el arte rupestre de la Europa prehistórica, por ejemplo, o los petroglifos de Norteamérica—. Los humanos aparecen a menudo en este arte, pero representados como pertenecientes al mundo animal, al tejido de la vida del ecosistema. El arte rupestre se inscribía en espacios que parecían cámaras donde nacería la realidad viva de la tierra. También, los petroglifos están grabados en el propio paisaje, formando parte de él.

Esto contrasta fuertemente con el arte europeo, ya que su «énfasis intelectual, lealtades, afectos y convicciones» eran todo lo contrario. En Europa, como hemos visto, la Tierra salvaje tan solo se convirtió en un interés tardío y efímero en forma de pintura de paisaje. Pero el arte paleolítico, exprese lo que exprese, celebra intrínsecamente el lugar de las personas como parte integrante de una vasta red de seres vivos. Puesto que ese parentesco paleolítico sigue siendo nuestra naturaleza original, y debido a que la transformación filosófica de Occidente ha empezado a revelar esa naturaleza original oculta durante tanto tiempo, hoy respondemos a él de esta manera, sintiendo su celebración del parentesco.

Como reconocerían White y Leopold, estos profundos paradigmas conceptuales diferentes conllevan éticas totalmente distintas y, en consecuencia, impactos medioambientales diferentes. La explotación instrumentalista hecha posible por un extraño centro espiritual era sencillamente inconcebible para los cazadores-recolectores paleolíticos. Allá donde iban, los europeos encontraban culturas primitivas entretejidas en ecosistemas intactos. Pero armados con supuestos filosóficos greco-cristianos, que permitían una relación instrumental con la tierra, arrasaron rápidamente esos paisajes y sus culturas indígenas. Los nativos americanos llevaban quince mil años habitando Norteamérica (y las orcas residentes del sur llevaban setecientos mil años habitando su territorio) y, aun así, el ecosistema estaba básicamente completo, equilibrado y vital. Sin embargo, con los europeos cristianos ocurrió todo lo contrario, a las pocas décadas de su llegada a cualquier parte del continente, diezmaron el paisaje y casi todo lo que vivía en él, individuo a individuo.

El arte paleolítico expresa —aplicando el principio de Leopold— una ética inherente a un sistema de espiritualidad y cosmología: la realidad como un único tejido vivo en el que la identidad («espíritu») es fluida y permeable a través de las distintas formas de vida. Es parte de una espiritualidad/cosmología, evidente por donde se le mire, de la cultura primigenia. Evidente no solo en el arte, sino también en los rituales y las prácticas de caza, y en la forma en que las tribus costeras consideraban a las orcas sus antepasados —esto es, no meramente en un sentido mítico, como podría parecer desde fuera, sino literalmente—. E incluso hoy, con todas las superposiciones de la cultura occidental, si un nativo del suroeste oye con especial claridad el batir de las alas de un pájaro cercano, podría decir: «¡Ves, ahí, los antepasados siempre están con nosotros!».

8

Lynn White identifica la historia cristiana de dominación y explotación humana sancionada por Dios como la «raíz de nuestra crisis ecológica», pero la forma más fundamental en que la mitología cristiana facilita la destrucción del medio ambiente es su estructura ontológica/cosmológica de base. Esta estructura, que refuerza la antigua filosofía griega, divide el Cosmos en dos regiones ontológicamente distintas: el reino espiritual (cielo y alma) y el reino material (tierra y cuerpo). Como hemos visto, es una cosmología que concibe al ser humano como un espíritu que vive en la tierra como una especie de extraterrestre venido de un lejano lugar espiritual, sin conexión fundamental con la Tierra material y, por tanto, sin parentesco con las diez mil cosas de la Tierra. Desde el punto de vista ético, esto reduce la Tierra a una mera base de recursos sin valor intrínseco.

Sin embargo, el Ser centrado en el espíritu es una criatura de estructuras culturales que preceden en milenios al pensamiento griego y cristiano. De hecho, esas condiciones fueron precondiciones necesarias para el paradigma cristiano, que dio a ese ser-espíritu dimensiones míticas (al igual que los otros principales paradigmas religiosos del mundo, excluyendo al budismo). Leopold y White reconocen que es necesario un cambio radical de paradigma para detener la destrucción del medioambiente, aunque no acaben de ver, como Jeffers, que tiene que ser una visión fundamentalmente no centrada en el ser humano, una visión en la que el bienestar del ecosistema sea el valor primordial y el supuesto básico. Como hemos visto antes, ese cambio de paradigma ha ido tomando forma a lo largo de los últimos siglos en Occidente, pero ha luchado contra mucho más de lo que sus defensores pensaban.

El paradigma cristiano es solo la superficie, y aunque ha sido ampliamente reemplazado en nuestra cultura por las diversas dimensiones del humanismo secular, ese tipo de cambio no logrará mucho a menos que reconozcamos y aprendamos a ver a través de las estructuras subyacentes que hicieron posible el paradigma cristiano. En el núcleo de esas estructuras está el ser centrado en el espíritu, y la transformación radical tiene que empezar por ahí, porque las condiciones que dieron lugar al espíritu trascendental siguen apoyando esa estructura incluso ahora, en nuestra era poscristiana, donde la creencia religiosa en un alma eterna no es el supuesto más aceptado.

Como decíamos anteriormente, los cazadores-recolectores paleolíticos daban por sentado que el ser humano formaba parte integrante de la Tierra y sus diez mil cosas. No había ningún centro de identidad aislado, ningún sentido del ser humano como fundamentalmente diferente o separado de la «naturaleza». Por sorprendente e inverosímil que parezca, en aspectos cruciales estaban más cerca de nuestras primas orcas que de nosotros, ya que ambos tenían un sentido orgánico de identidad integrada en los procesos de la Tierra (lo que no quiere decir, en absoluto, que no tuvieran individualidad y razón, imaginación, organización social y todo lo demás: la tenían; pero también la tienen esas primas orcas, a su manera). La comunidad paleolítica de parentesco/identidad se extendía más allá del ser humano para incluir el ecosistema y sus criaturas. De hecho, podrían haber dicho algo como «*somos* la tierra» o «conocemos esta tierra a través de las mentes de los animales». Ese sentido de identidad generaba una ética que valoraba todo en la red de la vida, no solo lo humano.

Según hemos visto, el centro espiritual surgió de una ruptura entre el Ser y el mundo que comenzó de forma decisiva cuando las culturas agrarias neolíticas sustituyeron a las paleolíticas. La gente comenzó a asentarse en aldeas, enclaves permanentes separados del paisaje, y a controlar la «naturaleza» en forma de plantas y animales domesticados. Se trataba de una relación totalmente nueva con la Tierra salvaje, que se convertía así, no solo en otra, sino también en algo que había que superar, domesticar. De este modo, la vida de los neolíticos se estructuró como una relación instrumentalista e independiente con el mundo, el principio de nuestra sensación de que el mundo, simplemente, está *ahí para nosotros*.

Poco después de la revolución neolítica llegó la escritura —otro acto de dominación humana sobre el mundo, que lo ponía conceptualmente bajo su control, lo poseía—. La escritura completó la ruptura, creando la ilusión de un centro de identidad permanente e inmutable. En las culturas preliterarias, el lenguaje tan solo existía como pensamiento y habla, que se mueven del mismo modo generativo en que se mueve todo lo demás: apareciendo, evolucionando, desapareciendo, siempre para ser sustituido por nuevas formas. Ciertamente poseían poderosas capacidades mentales (razón, imaginación, etc.), pero no experimentaban el contenido mental como algo permanente, como algo que existiera de forma diferente a las cosas del reino empírico. Por el contrario, el pensamiento y el lenguaje se movían como cualquier otra cosa: los días y las noches, el tiempo y las estaciones, el agua y el viento, etc. Por lo tanto, la gente primitiva no experimentaba ninguna diferencia fundamental entre los procesos subjetivos y objetivos (una de los principales entendimientos que ofrece la meditación).

Resulta bastante sorprendente imaginarlo: el mundo del conocimiento en las culturas preliterarias solo se extendía hasta donde alcanzara la memoria de los individuos y de su comunidad. Pero con la escritura, la gente podía inscribir pensamientos, haciéndolos parecer permanentes. Podían volver a esos pensamientos más tarde, reintroducirlos, revivirlos y revisarlos, y otros podían leerlos en tiempos y lugares distantes. La escritura parece desafiar la naturaleza fugaz de nuestra realidad interior, creando la ilusión de un mundo subjetivo inmaterial e intemporal, un reino mental de permanencia que está separado del mundo siempre cambiante de una forma tan fundamental que solo puede describirse como ontológica. De ahí la ilusión del lenguaje (que coincide con la del «alma») como un reino interior que mira al reino exterior de la realidad empírica.

Cosificando aún más este centro de identidad trascendental («alma») ajeno a la tierra, las palabras que representan el mundo evolucionaron de la inmediatez pictográfica a la escritura alfabética, en la que tienen una relación arbitraria y simbólica con el mundo de las cosas, reforzando esta separación de la subjetividad y el mundo. Las palabras parecen apuntar a esas cosas como si fuera desde el exterior. Esto intensifica la ilusión del lenguaje y el pensamiento como un reino transcendental que mira a las diez mil cosas de la tierra como un reino ontológicamente separado, objetos de fuera y distintos de nosotros. Esta separación persigue el pensamiento medioambiental moderno, aunque rara vez se reconoce.

Una excepción momentánea de lo anterior se produce en la célebre obra de Elizabeth Kolbert, *La Sexta Extinción* (2014). Casi al final de su libro, Kolbert menciona, sin adentrarse mucho, cómo las estructuras fundacionales anteriores al paradigma occidental dominante socavan toda nuestra comprensión utilitarista basada en la ciencia de la trágica situación y sus posibles remedios. Se trata de las estructuras ineludibles que conjuraron nuestra relación desapegada, instrumental y explotadora con la Tierra: «Tan pronto como los humanos empezaron a utilizar signos y símbolos para representar el mundo natural, sobrepasaron los límites de ese mundo». Es una admisión de que la situación probablemente no tenga remedio.

Este reino subjetivo inmaterial creado por la escritura alfabética es la ilusoria alma centrada en el espíritu, cosificada en la filosofía griega y la teología cristiana. De hecho, esos sistemas pueden describirse como el descubrimiento filosófico y la exploración de ese reino interno, aparentemente inmutable, que los modos de vida neolíticos y el lenguaje escrito habían conjurado recientemente. Lo mismo puede decirse, en general, de las otras grandes religiones del mundo (con la excepción, de nuevo, del budismo). Embelesados por el alcance aparentemente trascendental de la subjetividad, crearon mitologías en torno a ella. Para los antiguos griegos, se trataba de un «alma» identificada con la razón, que participaba en el reino de las «formas»: las ideas inmutables de la razón, consideradas más reales y verdaderas que el siempre cambiante mundo empírico. Esta «alma» se asoció a lo sagrado, y con el tiempo se incorporó a la teología/cosmología cristiana, donde se convirtió en trascendental y emparentada con un dios celestial de otro mundo. Aún más: fue consagrada divinamente como la razón de ser de todo el universo.

El dualismo subjetivo/objetivo creado por este ilusorio centro en el espíritu define incluso nuestra experiencia de la percepción misma: crea la ilusión de que es una especie de interior que mira hacia el exterior, convirtiendo así la brecha entre la mente y la tierra en la textura misma de la experiencia momento-a-momento. Pero si observamos detenidamente lo que ocurre en el momento real de la percepción, no encontramos ningún yo, ningún sujeto y objeto, ningún dentro y fuera. Lo que encontramos, en su lugar, es simplemente la consciencia abierta al mundo, la consciencia como un espejo repleto de mundo: otro de los entendimientos que ofrece la meditación ch'an. En otras palabras, el Cosmos mirándose a sí mismo. Una vez más, el «yo» aparece solamente *a posteriori*. Porque nuestras historias nos dicen que somos centros de identidad, decimos «yo miro», «yo veo», etc. Este hecho se cosifica en la propia estructura de nuestro lenguaje como un supuesto no reconocido pero fundacional, ya que nuestra gramática requiere un sujeto para esos verbos: ese «yo» cuya importancia no puede exagerarse, y al que volveremos más adelante, pues está ausente en el chino clásico. Obsérvese que cuando en la página 3 se describe la celebración de una orca rompiendo el hielo expresando *¡Soy yo! ¡Estoy aquí!* nuestro idioma proyecta en la orca un centro espiritual greco-cristiano. La identidad de la orca es, obviamente, muy diferente y, sin embargo, es la única forma gramatical en que podemos decirlo.

La etimología también revela la naturaleza ilusoria de nuestro Ser, aparentemente trascendental. Si buscamos en la arqueología de la mente y rastreamos las etimologías de las palabras que describen estados y procesos mentales hasta sus orígenes, descubriremos que todas ellas llegaron al reino de los hombres desde lo empírico. Es decir, originalmente se referían a imágenes del universo observable —cosas, procesos o comportamientos físicos—. La mente humana creó lentamente el «Ser trascendental» a partir de esas imágenes mediante un complejo proceso de transferencia metafórica, tejiendo así las estructuras de la identidad a partir del Cosmos empírico. Si nos regresamos al arsenal de palabras primigenias, *considerar* se remonta a los elementos y raíces latinas *con* (como la conjunción «con») + *sîdus* («estrella/constelación»), por poner un ejemplo. También *pensar* puede rastrearse hasta el fragante y colorido bullicio de un mercado, en la voz latina *pensāre*, que significaba «pesar».

El resultado final de estos procesos de «construcción del alma» fue una separación fundacional entre el ser humano y la «naturaleza». En cuanto a la «naturaleza»: el resultado final de la escritura alfabética y del dualismo greco-cristiano fue una devaluación radical ante el mundo material. En primer lugar, carecía de lenguaje y, por tanto, de significado; después, de orden racional inherente y, por tanto, de realidad interior; y, por último, de espíritu y, por tanto, de valor trascendental. Esta devaluación continúa para nosotros como un supuesto operante a un nivel más básico que la historia cristiana, la cual White identifica como la «raíz de nuestra crisis ecológica». Esa historia sigue conformando los irreflexivos supuestos de muchos en nuestra sociedad, aquellos para los que la creencia cristiana sigue siendo vital —incluso para quienes viven en un mundo intelectual poscristiano, este Ser espiritualizado permanece fundamentalmente inalterado—. De hecho, la herida que abre el Ser espiritualizado lo convierte todo en instrumental y explotador. Para nosotros, ahora, incluso cuando apreciamos el paisaje/naturaleza, no somos parte integrante de él. No forma parte de nosotros, no es nuestro pariente. Es una mercancía: datos, paisajes, tal vez sustento espiritual. E incluso nuestra preocupación por el medio ambiente es instrumental y explotadora, ya que en primer lugar no está impulsada por el interés en el valor inherente de la Tierra salvaje, sino por el deseo de mantener nuestros intereses humanos.

White sostiene que el paradigma cristiano ha conducido a nuestra actual crisis ecológica. En verdad, esa es una parte importante de la historia, pero en el fondo la fuente de esa depredación es el trascendental centro espiritual que precede y dio lugar a nuestro paradigma antropocéntrico greco-cristiano, a la brecha fundamental entre lo humano y todo lo demás.

Aparte de la historia cristiana, esta relación distante define la ciencia moderna, con su rigurosa objetividad: la disposición intelectual definitoria de nuestra era. La ciencia también es instrumental, pues trata el mundo como una base de recursos de la que extraer datos, o como una especie de máquina que puede diseccionar («analizar») y comprender, abriendo el camino hacia la manipulación y explotación de la tecnología. Esta crítica se extendió durante la revolución del pensamiento de la posguerra, y fue descrita con amplio detalle filosófico e histórico por Carolyn Merchant en su influyente obra *La Muerte de la Naturaleza: Mujeres, Ecología y Revolución Científica* (1980). Allí, Merchant muestra cómo la Revolución Científica completó el desmantelamiento de la visión organicista de la Tierra como una Gran Madre, una visión que imponía restricciones éticas a las acciones humanas, sustituyéndola por una visión de la naturaleza como un mecanismo muerto sin valor inherente y, por tanto, disponible para una explotación ilimitada.

En términos de las estructuras políticas modernas, ese Ser desvinculado es el supuesto básico que da forma al capitalismo neoliberal, con su actividad y crecimiento económicos desregulados y desenfrenados que toman el beneficio individual y humano como sus valores últimos. Esto también tiene sus raíces en el Neolítico, que trajo consigo el comienzo de la riqueza en forma de propiedad de la tierra y bienes almacenables, y con ello llegaron las diferencias de clase, la desigualdad y la injusticia social, por no mencionar esa fuerza elemental y devastadora para el medio ambiente que es la codicia. La ciencia, la tecnología y el capitalismo son, obviamente, estrategias evolutivas extremadamente eficaces para nuestra especie. Al mismo tiempo, son fuerzas extraordinariamente eficaces de devastación ecológica. Gracias a la ciencia, la tecnología y al capitalismo, ese ilusorio ser-espíritu permite una explotación despiadadamente eficaz del mundo desde una perspectiva totalmente distante, y nos ha llevado al borde del colapso ecológico.

Pero, como empezamos a ver en los paradigmas alternativos paleolíticos y chinos, el «alma» de Occidente y su cosmología no son para nada descripciones exactas o evidentes de la realidad. Son conjuros que aparecieron a través de las vicisitudes de la evolución humana, afianzándose porque proporcionaron a la especie una asombrosa ventaja selectiva. Existen como estructuras definitorias de la conciencia moderna del Homo sapiens, y la función de la práctica del ch'an es desentrañar esas estructuras, revelando nuestra naturaleza original anterior a esas estructuras. Ahora está muy claro que la ventaja selectiva del centro espiritual neolítico capaz de escribir ha terminado. Ahora ese centro espiritual separado es el motor que destruye nuestra especie, y parece que la ventaja selectiva se ha desplazado al paradigma paleolítico/chino de la Mente salvaje integrada en la Tierra salvaje.

9

La reflexión radical sobre los paradigmas conceptuales en la revolución cultural de los años sesenta estaba muy avanzada cuando Lynn White escribió «Las Raíces Históricas de Nuestra Crisis Ecológica» en 1967, y el budismo ch'an (zen) era parte integrante de esa revolución. White reconoció que la cultura seguía bajo el dominio de los supuestos cristianos, por lo que le pareció más realista proponer una forma ecológicamente benévola de cristianismo: la visión casi panteísta de San Francisco sobre el amor y el cuidado de la tierra y sus criaturas, esencialmente el modelo convencional de mayordomía. Sin embargo, un santo no puede deshacer toda la educación cristiana. Al igual que Bill McKibben, que se sentía perseguido por alternativas más radicales, al tiempo que reconocía que las realidades sociales parecían hacerlas inviables, White reconoció con asombrosa claridad que el budismo zen es el cambio de paradigma radical y profundo:

> Los *beatniks*, que son los revolucionarios básicos de nuestro tiempo, muestran un sano instinto en su afinidad por el budismo zen, que concibe la relación hombre-naturaleza como una imagen reflejante [es decir, «opuesta»] de la visión cristiana.

Hay mucho que aprender del paradigma paleolítico. Por supuesto, ahora la ética no puede ser tan directa e inmediata como lo era entre los cazadores-recolectores. Solo puede ser indirecta y abstracta, nuestras acciones tienen repercusiones ecológicas lejanas, y las propuestas deben implicar una política y una dirección social compleja. En cualquier caso, ese paradigma parece imposiblemente distante —la cultura material estructura la conciencia, y nuestra cultura material es completamente diferente de la de los cazadores-recolectores del Paleolítico—. No vivimos en contacto constante e íntimo con el tejido de vida de la Tierra. No vagamos por los paisajes con herramientas hechas a mano, cazando y recolectando. Somos irremediablemente posneolíticos, absolutamente moldeados por la división instrumentalista hombre-naturaleza del Neolítico.

Pero, como vimos anteriormente, el Paleolítico sobrevivió en la antigua cultura china, donde fue remodelado para formar el marco conceptual taoísta-ch'an: El «*beatnik*» zen de White (el ch'an fue adoptado de China por Japón, donde era conocido por la pronunciación japonesa del ideograma *ch'an*: «zen»). De hecho, el taoísmo-ch'an dio forma al pensamiento en una sociedad estructurada de forma muy parecida a la nuestra. Al igual que nosotros, los antiguos eruditos chinos eran muy cultos, de mentalidad empírica e intensamente textuales. Trabajaban en oficinas como burócratas del gobierno. Producían una compleja obra cultural: filosofía, poesía, pintura y caligrafía. Habitaban ciudades grandes e internacionalmente cosmopolitas, y viajaban mucho entre ellas y también a zonas rurales y salvajes. Todo ello dentro de una economía muy diversificada con los mismos elementos básicos que la nuestra: dinero, mercados, agricultura, artesanos, comerciantes, transporte, etc. Así, a diferencia del modelo paleolítico, el marco taoísta-ch'an parece ofrecer una alternativa más directamente aplicable al paradigma occidental: una forma de abrirnos a nuestra naturaleza original de Mente salvaje, su parentesco elemental con la Tierra salvaje y a la ética ecocéntrica implícita en esa transformación. Y, de hecho, parece ser una articulación completamente formada del marco conceptual que emerge de la transformación cultural que se ha desarrollado durante los últimos siglos en Occidente y que, al igual que el taoísmo-ch'an, se inspiró desde el principio en las ideas filosóficas de las culturas paleolíticas.

En el paradigma taoísta-ch'an, como ya hemos visto, la humanidad pertenece al Cosmos, concebido como un tejido vivo y autogenerador. La meditación ch'an nos abre a la mente vacía, revelando nuestra naturaleza original antes de la ruptura que surgió de los modos de vida neolíticos y la escritura alfabética. La visión profunda y reflejante de la mente vacía también nos devuelve a la experiencia inmediata anterior a esa ruptura, ya que revela las diez mil cosas de la Tierra salvaje como parte de nosotros. De ahí que el ch'an sea una práctica ecológica profunda en la que vemos a través de esa relación distanciada e instrumentalista con el mundo, una práctica que integra la Mente salvaje y la Tierra salvaje.

Esta integración ch'an de la Mente salvaje y la Tierra salvaje surgió de forma natural de las dimensiones de la consciencia arraigadas en el nivel más profundo de la propia lengua china. Allí funciona como la estructura misma del pensamiento y la experiencia, una estructura radicalmente distinta del dualismo que observamos en las lenguas occidentales. Aunque no podemos cambiar la naturaleza elemental de nuestra lengua, podemos entender la forma en que organiza nuestros irreflexivos supuestos comprendiendo lo radicalmente diferente que era el chino clásico. Esa comprensión es liberadora, porque revela mucho sobre nuestra naturaleza original y su inherente parentesco con la Tierra salvaje. De hecho, la supervivencia del Paleolítico en la alta cultura china se debe en parte a las mismas estructuras que hacen que el chino clásico sea tan fundamentalmente diferente de las lenguas occidentales: su naturaleza pictográfica y autónoma. En esto, es lo más parecido al Paleolítico que podría ser el lenguaje escrito.

Hay muchas dimensiones en la forma en que el chino clásico considera la Mente salvaje como parte integrante de la Tierra salvaje. Quizá lo más importante sea el hecho de que el chino clásico no es alfabético (cf. pp. 66-67). En su lugar, es pictográfico en sus formas básicas (lo pictográfico se aumentó con elementos fonéticos), manteniendo una relación directa e inmediata entre el lenguaje y la realidad. El ideograma para «garceta», en el título del poema de Tu Mu, es 鷺, que contiene la grafía de «aves» en la parte inferior: 鳥, que en su forma primitiva era [illegible]. El propio poema está repleto de imágenes de las diez mil cosas, como revela un vistazo a la primera línea:

雪	衣	雪	髮	青	玉	觜
nieve	mantos	nieve	cabello	azulado	jade	pico

El ideograma de la nieve (雪) es una combinación de *lluvia cayendo del cielo* ([illegible] en una forma anterior más pictográfica, o [illegible] en la aún más primitiva forma de hueso-oracular) y *mano* ([illegible], imagen estilizada de una muñeca y dedos): de ahí, «lluvia que se puede quitar con la mano». *Mántos* aparece claramente en las primeras grafías como hombros y mangas por encima de ondulantes faldas holgadas: [illegible]). *Cabello* se representa en dos imágenes de cabello largo y suelto: la imagen sencilla de arriba a la derecha (彡), y otra más compleja derivada de una imagen de hueso-oracular (髟) que más tarde evolucionó hasta convertirse en una imagen estilizada de pelo tan largo que debe atarse con una cinta (—) y sujetarse con una pinza (ψ), como en esta forma primitiva de la grafía: 镸. Ahora 青, que se refiere a una gama de colores entre azul y verde que se encuentran en la naturaleza, desde bosques a montañas lejanas, retrata una planta brotando de la tierra: 青. *Jade* dibuja un antiguo utensilio hecho de jade: 玉, y la del hueso-oracular: 丰. Finalmente, el elemento principal del *pico* es 角, que deriva de una forma original de hueso-oracular que significa «cuerno» (角) y que evolucionó para representar a un animal: 角, mostrando un cuerpo con costillas que tiene cuernos en la cabeza.

Además, en el chino clásico no hay un Ser trascendental (es decir, un «yo») inscrito en la gramática (cf. pp. 67-68), como se aprecia inmediatamente al observar este verso de «Comienza el Otoño», un poema de Meng Haojan (689-740 E.C.) al que volveremos más adelante:

階	下	叢	莎	看	露	光
escaleras	abajo	racimo	hierba	ver	rocío	resplandor

El sujeto en primera persona apenas se utilizaba en el chino clásico. En nuestras lenguas, cada vez que decimos «yo» se refuerza el supuesto básico que estructura la consciencia: El ser, yo, como entidad trascendental, un centro espiritual interior separado del mundo exterior (cf. pp. 67-68). Ese ser-espíritu opera, por tanto, como un supuesto inadvertido en nuestro marco conceptual y en nuestra experiencia cotidiana, muy al margen y con anterioridad a la mitología cristiana del «alma». En este verso de «Comienza el Otoño», el verbo perceptivo *ver* aparece sin el sujeto correspondiente que exigiría una lengua occidental. Aquí, el yo existe como una presencia ausente en la gramática: sabemos que está ahí, pero no está cosificado con un pronombre. Así, la identidad propia se siente, en el nivel esencial de la gramática, parte integrante del mundo.

La exactitud de esta gramática (en oposición al «yo» occidental) es evidente en nuestra vida cotidiana si miramos con atención. Como hemos visto anteriormente (p. 67), si examinamos la consciencia en el momento de la percepción, solo encontramos la mente vacía reflejando el mundo, conteniéndolo, convirtiéndose en él. Este es el caso de Meng Hao-jan «viendo» las hierbas iluminadas por el rocío. Esta es la razón por la que los antiguos poetas chinos solían ir de excursión a las montañas: porque allí, especialmente en las cumbres, la experiencia perceptual puede ser tan dramática y cautivadora que barre la mente, la vacía, no dejándole más que distancias montañosas.

Lo mismo aplica para pensar, sentir o recordar: si examinamos lo que ocurre realmente en la consciencia durante esas actividades, no encontraremos ningún «yo» en el momento en que están ocurriendo. Tan solo nuestro lenguaje y nuestros supuestos culturales nos hacen decir *a posteriori* «yo» pensé esto o decidí aquello, sentí esto o dije aquello. De hecho, cuando examinamos detenidamente las dimensiones mentales de la experiencia real, no encontramos ningún «yo» como entidad discreta y duradera. En cambio, si intentamos localizar ese Ser (mente/centro espiritual) que damos por sentado en nuestra actividad rutinaria, solo encontramos los estados y procesos que supuestamente dicta. Ya sea cultivando un huerto o cocinando, hablando o leyendo un libro como este, si examinamos de cerca, no encontraremos ningún «yo» dirigiendo el proceso, tan solo el proceso mismo. Por tanto, ese «yo» no es un sustantivo, no es algo que exista en algún lugar de nuestro interior. Es verbo: algo que ocurre a través de nuestras interacciones con el mundo que nos rodea: un tejido de inmersión. Así, esta estructura de la consciencia se plasma en la gramática china clásica.

En conjunto, la naturaleza del chino clásico, especialmente la poesía, crea una experiencia de consciencia en un presente ilimitado, parte integrante del proceso ontológico generativo de la Tierra. En este sentido, encarna las ideas de la sabiduría taoísta-ch'an. La consciencia se estructura como un fenómeno mucho más abierto y penetrante de lo que permite el pensamiento y el lenguaje occidental. Esta es la consciencia entretejida a través del Cosmos, y es nuestra naturaleza original de Mente salvaje.

10

La naturaleza misteriosamente generativa de la tierra debe haber sido verdaderamente maravillosa para los pueblos primitivos, no solo por el milagro interminable de la nueva vida que, aparentemente, aparece de la nada, sino también porque ese milagro era vital para su bienestar inmediato, proporcionándoles comida, agua, ropa, refugio y, por supuesto, un futuro en sus hijos. ¿Es demasiado imaginar que, como parte de la revolución neolítica, nuestro centro espiritual trascendental también surgió de una creciente consciencia en los varones de que están, intrínsicamente, fuera de la naturaleza esencialmente femenina de la existencia? Ese espíritu o alma, como centro de identidad radicalmente distinto y fuera de este mundo material: ¿es simplemente la estructura de la masculinidad? ¿Existe una ira y una frustración casi celulares causadas por esta profunda sensación de dislocación e irrelevancia? La violencia humana hacia el mundo es ante todo violencia masculina. ¿Podría esta violencia ser, en parte, la manifestación de esa ira y frustración constantes (aunque no reconocidas conscientemente)? Además, como las mujeres son la naturaleza generadora de la tierra en forma humana, ¿no explicaría eso la historia de la, aparentemente, inexplicable violencia masculina contra las mujeres?

Al parecer, fue en el Neolítico cuando la visión ginocéntrica del mundo del Paleolítico fue sustituida por una visión androcéntrica del mundo: los hombres compensaban su irrelevancia elemental con ideologías y mitologías androcéntricas que los situaban en el centro de las cosas. Por supuesto, se produjo el correspondiente cambio en la estructura social, que pasó de la ginocéntrica/igualitaria a la dominación masculina androcéntrica, un cambio en el que los hombres «espirituales» siguieron asociando a las mujeres con la tierra y tratándolas con la misma violencia instrumental[45] —¿es una coincidencia que la nueva valoración de la Tierra salvaje por parte de Occidente haya coincidido con un cambio cultural en el que las mujeres vuelven a ser valoradas de forma profunda?—. En términos de la historia que estamos trazando aquí, la encarnación más grandiosa de esta ideología androcéntrica es el dios celestial cristiano. Los hombres conjuraron un dios celestial masculino que, a su vez, —¿es esto una comedia?— creó al hombre a su propia imagen —la mujer fue una mera ocurrencia tardía—. Así, el gran misterio central de la creación fue arrancado del tejido de la existencia autogenerativa (femenina) e invertido en un exterior de la imagen y masculino: una encarnación mitológica del dualismo metafísico que define la cultura.

En efecto, ¿no es la metafísica la estructura ideacional de un exterior masculino en relación con un interior femenino/generativo? El exterior masculino, el reino espiritual, se definió, por supuesto, como lo más verdadero y real. De ahí surgió la gran máquina dualista de la metafísica occidental: dentro y fuera, sujeto y objeto, mente y cuerpo, humano y naturaleza, lenguaje y reali-

45 Esta historia se evoca en *Woman and Nature: The Roaring within Her* (1978), de Susan Griffin, una importante contribución a la revolución cultural estadounidense de posguerra.

dad, espíritu y materia, cielo y tierra. Hablamos de que la humanidad está destruyendo el ecosistema, pero en realidad el macho de la especie ha sido el motor de la devastación —no solo en términos de estructuras sociales dominadas por machos, sino aún más fundamentalmente en términos de metafísica «masculina»—, lo que se entiende como una relación «exterior», desapegada e instrumental con la Tierra salvaje. Así, el derrocamiento neolítico y la supresión de la mujer (tanto social como psíquicamente) fue un acto de violencia primigenia del que puede que nunca nos recuperemos.

En China, este dominio masculino se completó con la dinastía Shang, con su teocracia dominada por los hombres, sancionada y potenciada por un dios celestial masculino. Los antiguos chinos eran posneolíticos, con una cultura material formada por la separación y el control de la «naturaleza». Su supervivencia cotidiana, como la nuestra, dependía de una relación instrumental con la tierra. Aunque el chino clásico evita los problemas de las lenguas occidentales, los habitantes de la antigua China además de tener una lengua escrita, eran intensamente textuales, con una extensa tradición textual. En términos de estructuras sociales, la suya era una cultura ferozmente androcéntrica. El ginocentrismo paleolítico sobrevivió durante siglos bajo esa superficie social, como las suposiciones taoístas-ch'an que daban forma a su experiencia «espiritual». Pero los constructores culturales de la antigua China sintieron la herida de la ruptura de la consciencia pospaleolítica —hablamos del parentesco con la tierra y sus diez mil cosas—. Aunque esa herida no tenía rastros de la brecha ontológica/metafísica que conocemos, había una sensación de desplazamiento, incluso de exilio, y alimentó una poderosa necesidad de volver a conectar con la Tierra salvaje al nivel más profundo posible, de restablecer una Mente salvaje emparentada con e integral a la Tierra salvaje.

Los textos filosóficos más antiguos ya consideraban esta desubicación como la cuestión esencial del autocultivo humano, y la práctica espiritual taoísta-ch'an se centraba en curar esa herida del exilio, sustituyéndola por un sentido de consciencia perteneciente a la tierra y a sus diez mil cosas. Es una posibilidad que se ha perdido en Occidente, pues no ha habido dimensión femenina: el Paleolítico está completamente borrado (como hemos dicho anteriormente, cuando lo recuperamos, al principio de la transformación cultural de Occidente, procedía de fuera de la corriente principal occidental, de la antigua Roma perdida y de las culturas indígenas nativas americanas). Pero en China, la práctica espiritual siempre significó cultivar formas de reintegrar la consciencia humana en el tejido generativo de la existencia. Esto comenzó pronto con el taoísmo, que más tarde se reformuló como ch'an. En términos de práctica ecológica, el taoísmo-ch'an se centra en la sustitución del Ser ilusorio centrado en el espíritu por una conciencia integrada en el mundo más amplio: un retorno a la consciencia paleolítica. Ahora, esa práctica es totalmente aplicable a nuestra situación actual.

La comprensión taoísta del ch'an surgió directamente de una tradición de sabiduría oral que se remonta a las culturas paleolíticas protochinas y conservó gran parte del paradigma paleolítico. Tras la gran transformación cultural de China, ese paradigma sobrevivió en los primeros textos chinos —el *I Ching* (c. XIII a.e.c.) y el *Tao Te Ching* (c. VI a.C.)— textos taoístas originales construidos, en su mayoría, a partir de fragmentos de literaturas de sabiduría oral que fueron recogidos, traducidos y compilados por editores en textos escritos. La función de la práctica espiritual en el *Tao Te Ching* y más tarde en la enseñanza budista ch'an era esencialmente la misma que en el Paleolítico: cultivar la conciencia integral del vasto y maravilloso tejido de la realidad (Tao), cultivar un sentido de totalidad y pertenencia, un sentido de hogar y parentesco. Exactamente lo que Jeffers propuso. Y al final, la práctica taoísta-ch'an revela el ser más verdadero de uno mismo como la totalidad del tejido de la existencia Tao desplegándose a través de sus transformaciones eternas: de nuevo, un retorno a la comprensión paleolítica.

La práctica taoísta-ch'an cultiva esta Mente salvaje integral a la Tierra salvaje en el nivel de la experiencia inmediata, como de hecho la naturaleza original de la consciencia. De hecho, la iluminación ch'an se definía simplemente como «ver la naturaleza original»: 見性 (*chien-hsing*, en japonés *kensho*). El ch'an surgió del taoísmo delineado por el *Tao Te Ching* de Lao Tzu, que aparentemente era un resurgimiento del paleolítico que había sobrevivido bajo la superficie de las estructuras de poder teocráticas de la dinastía Shang. En este sentido, representa un retorno a los niveles más primitivos de la cultura protochina, donde el Cosmos empírico se reconocía como femenino en su naturaleza fundamental, como un organismo magistral y perpetuamente generativo en constante transformación. De hecho, Lao Tzu se refiere a menudo al Tao como «femenino», «madre de todo lo que hay bajo el cielo», etc. Esta es la raíz de un hecho notable: la alta civilización china, a pesar de toda su complejidad y sofisticación, nunca olvidó sus orígenes en un primitivo ginocéntrico. De hecho, fue lo primitivo lo que determinó la naturaleza distintiva de su complejidad y sofisticación. Aquí, la espiritualidad no es una cuestión de creencia y oración, como en la dinastía Shang y el Occidente tradicional, con sus monoteísmos instrumentales, sino de autorrealización, que significa curar esa herida de la consciencia arrancada del tejido generativo de las cosas.

Hacia esta curación, la práctica ch'an cultiva la naturaleza original de la consciencia en sus niveles primarios, antes de las estructuras ilusorias del ser mismo: la Mente salvaje como parte integrante de la Tierra salvaje, el tejido de la realidad y sus diez mil transformaciones. Como hemos visto ya, la práctica ch'an comienza con la meditación, que vuelve a tejer la consciencia y la tierra, o el Cosmos, vaciando las estructuras del ser, dejando la mente vacía reflejando las diez mil cosas, sustituyendo así la identidad del ser por la Gran Transformación de las cosas del Tao: la introspección y, de hecho, la ética en nuestro poema de la garza. Así, de nuevo, aparece la meditación como quizás nuestra práctica ecológica más fundamental, como entendimiento ecológico transformador que es, en el fondo, un abrazo a lo femenino.

Siguiendo la lógica de White, el marco conceptual taoísta-ch'an respetuoso con el medio ambiente debería haber producido una cultura que viviera en armonía con la tierra, como en el Paleolítico. Pero los chinos comenzaron pronto la devastación masiva de su ecosistema, y hay varias razones para entender lo que pasaba. La cultura era irremediablemente posneolítica y estaba dominada por los hombres. Las masas no estaban formadas por el paradigma taoísta-ch'an de la élite culta, sino por las estructuras metafísicas de una miríada de sistemas religiosos y los restos del dualismo monoteísta de la dinastía Shang. Por último, estaba la pura presión de las necesidades de supervivencia humana. Al final, era pura biología: el animal humano, ese depredador supremo, simplemente perseguía sus mejores intereses, como cualquier otro animal. Pero quizás lo más importante es que, incluso con el ideal budista ecocéntrico de *ahimsa* («sin daño») y el paradigma taoísta-ch'an, la cultura simplemente no tenía la capacidad tecnológica para proporcionar una vida plena a la población sin una destrucción generalizada del medio ambiente.

La situación actual es totalmente distinta. Tenemos la misma estructura social básica que la de la antigua China, pero ahora tenemos la capacidad de practicar el *ahimsa* y minimizar el expolio ecológico sin sacrificar nuestra calidad de vida. Tenemos la capacidad de vivir vidas ricas de una manera ambientalmente sostenible, incluso festiva. Es un gran regalo de la ciencia y la tecnología modernas, un verdadero lujo. Y hay muchas propuestas bien informadas y perspicaces que describen cómo hacerlo: reducción de la población, impuesto sobre el carbono, energía limpia, empoderamiento de la mujer, vegetarianismo, desmantelamiento de los ejércitos, y un largo etcétera. Lo que nos falta, dirían White y Leopold, es el marco conceptual (los «hilos de urdimbre») que conduciría a esta nueva forma de vida. Tendría que ser un marco que no funcione como una defensa política defendible, sino como un supuesto básico que modele el comportamiento humano, como lo ha hecho el paradigma greco-cristiano y, antes de eso, el paleolítico. Al respecto, parece que el marco taoísta-ch'an de la antigua China ofrece precisamente esa posibilidad.

11

Hablar del mundo es distanciarse de él. Analizar y comprender el mundo es poseerlo y dominarlo, y devaluarlo como objeto separado de nuestra atención, despojándolo de cualquier parentesco. Esa es toda la relación de nuestra cultura con el planeta: el análisis y la comprensión, que facilitan la manipulación y la explotación. Esta comprensión es necesaria para la supervivencia (nuestra dependencia de lo instrumental), pero también es fundamental para nuestra destrucción de la vida planetaria. La meditación, en cambio, sustituye todo ese desplazamiento por el vacío y el silencio: la consciencia, por tanto, sin ese pensamiento instrumental y distanciador. En este sentido, revela la posibilidad de reorientar nuestra relación con la Tierra en todos los aspectos de nuestra vida.

Sin embargo, quizá lo más importante sea hasta qué punto los humanos vivimos en un reino de la imagen y cómo ese ensimismamiento nos separa de la experiencia inmediata del mundo que nos rodea (un ensimismamiento que se intensifica drásticamente con el reino virtual de la televisión, el ordenador y el teléfono inteligente), ya que excluye el parentesco como textura de la experiencia cotidiana. Podemos verlo casi de manera esquemática en el poema de Wordsworth de 1798 «Nocturno», escrito en los inicios occidentales del descubrimiento del parentesco con la «naturaleza» y en una voz que aún domina la escritura convencional sobre la naturaleza y la defensa de la mayordomía ambiental:

Nocturno

—El cielo está cubierto
Por una nube infinita y de cercana textura,
Pesada y marchita, blanqueada entera por la Luna,
Que logra verse, vagamente, a través de ese velo,
Círculo opaco comprimido, dando algo de luz
Débilmente esparcida, que ni una sombra genera,
Accidentando el suelo —sea roca, planta, árbol o torre—.
A la larga, un simpático resplandor instantáneo
Sorprende a un pensativo viajero, mientras recorre
Su solitario camino, con mirada distraída que
Dirige hacia la tierra; mira hacia arriba —las nubes se
Se desgarran—, y por encima de su cabeza ve
Clara la Luna, y el cielo glorioso.
Allá arriba, navega en una bóveda azul y negra,
Seguida por multitudes de estrellas que, pequeñas,
Nítidas y brillantes, se mueven con ella
Por el oscuro abismo: ¡qué rápidas se alejan,
Pero no desaparecen! —en el árbol reposa el viento—
Pero están en silencio; —y siguen su camino
Por la infinita distancia—; y la bóveda,
Redondamente construida por esas nubes blancas, nubes gordas,
Sigue ahondando en su profundidad insondable.
Al final, la Visión concluye, y la mente,
No perturbada por el deleite que siente,
poco a poco en pacífica calma se asienta, y
se cae meditativa en la escena solemne.

Aquí, un acontecimiento celestial dramático e inusual atrae al «pensativo viajero», a Wordsworth fuera de sí mismo: la luna se abre paso a través de la capa de nubes, iluminando de repente el cielo, tras lo cual las nubes arrastradas por el viento crean la ilusión de que la luna y las estrellas cruzan el cielo a toda velocidad, mientras que al mismo tiempo permanecen inmóviles. Pero esta experiencia inmediata, el mundo real en sí, es tan solo la apertura de lo que realmente importa aquí: una presencia divina dentro del mundo natural. Esta presencia está sugerida por el sentido religioso del lenguaje, el tono venerable y el vocabulario espiritualizado del panteísmo de Wordsworth: «el cielo glorioso», «la bóveda», «oscuro abismo», «en silencio», «infinita distancia», «profundidad insondable» y, finalmente, la «Visión» en mayúsculas. Incluso después de esta Visión, la atención de Wordsworth vuelve rápidamente hacia el interior. En todo momento, la dicotomía espíritu/materia permanece, este reino material valorado solamente en la medida en que revela un reino espiritual. El caminante ensimismado permanece radicalmente separado de la escena —un centro espiritual mirando y contemplando un casi desconocido reino—.

En «Comienza el Otoño», de Meng Hao-jan, los acontecimientos físicos son muy distintos de los del poema de Wordsworth, pero la narración espiritual es la misma: la preocupación interior sustituida de repente por una intensa consciencia del mundo. Lo mismo y, sin embargo, totalmente diferente:

Comienza el Otoño

El otoño comienza sin avisar. Las noches lentamente se alargan
y, poco a poco, los serenos vientos se tornan más y más fríos,

cede el paso el ardor del verano. Mi choza de paja se apacigua.
Escaleras abajo, entre racimos de hierba, brilla el rocío encendido.[46]

46 Traducción al castellano a partir de la versión en inglés, «Autumn

Al igual que el poema de Wordsworth con su «mirada distraída que dirige hacia la tierra», «Comienza el Otoño» se abre con Meng Hao-jan preocupado también por darse cuenta del mundo. Pero evoluciona de forma muy diferente. Lo que atrae la atención de Meng es la belleza de un mundo otoñal que se adentra en el invierno. Su «choza de paja se apacigua», lo que es sinónimo de su mente que se aquieta, no porque sea una metáfora de la mente, sino porque el reflejo de una mente vacía ocupa el mismo espacio que la choza de paja. A partir de ahí, el poema pasa a una conclusión totalmente opuesta a la de Wordsworth. «Comienza el Otoño» es esencialmente un acto de meditación, y termina con una mente perfectamente vacía reflejando un acontecimiento empírico simple pero sorprendente: el rocío encendido en el brillo de racimos de hierba. En el contexto taoísta-ch'an, es un momento de iluminación, cuando la identidad adquiere su forma más verdadera: desinteresada e indistinguible de las diez mil cosas maravillosas de la tierra. Este efecto se intensifica por el hecho de que, como hemos visto antes (p. 75), no hay un «yo» en la gramática, no hay un «yo» que «vea» el rocío resplandeciente, un hecho que esta traducción se esfuerza por representar, al tiempo que pierde la presencia explícita en el chino de la mente vacía que refleja el resplandor de los racimos de hierba. Es una celebración. Y lo que es más importante —a diferencia de la extraordinaria y reveladora «Visión» de la luna y las estrellas de Wordsworth—, se trata de un momento totalmente ordinario. En este sentido, sitúa la iluminación (plenitud, pertenencia, curación) en el ámbito cotidiano en el que vivimos nuestras vidas.

Begins», de David Hinton, del libro *The Mountain Poems of Meng Hao-Jan*, copyright © 2004. Reproducido y traducido al castellano con permiso de Archipelago Books y Shambhala Publications. [N. del T.]

El poema de Wordsworth fue escrito a principios de la gran transformación cultural de Occidente. «Comienza el Otoño», escrito casi once siglos antes, encarna la comprensión de que la transformación cultural de Occidente apenas ahora está empezando a revelarse. En el poema, la mente vacía conoce el mundo con una claridad reflejante, como el Cosmos abierto a sí mismo. Esto reorienta nuestra relación con el mundo, sustituyendo la separación por la integración, la alienación por el parentesco, el aislamiento por la unión, porque en esa consciencia profunda como un espejo, el

contenido de la consciencia es literalmente las diez mil cosas mismas. En la simple mirada a la puerta de Meng Hao-jan, la consciencia y la presencia expansiva de la existencia están completas: la Mente salvaje es parte integrante de la Tierra salvaje. Y así, como «Garzas», «Comienza el Otoño» expresa el «énfasis intelectual, lealtades, afectos y convicciones» de la cultura, su ética.

«Primera Luna», poema escrito por Tu Fu (712-770) unas décadas después de «Comienza el Otoño», surge de un acontecimiento meteorológico muy similar al que interrumpió el retiro de Wordsworth: la luna aparece dramáticamente por un momento, y luego desaparece detrás de las nubes. Pero al igual que en «Comienza el otoño», la diferencia entre el parentesco taoísta-ch'an de Tu Fu y el «culto a la naturaleza» de Wordsworth es fundamental:

Primera Luna

Fina rodaja de luz creciente, arco resplandeciente
volcado por un vientre oscuro —la primera luna

aparece y, a duras penas elevada por encima de antiguos
pasos fronterizos, se adentra en las nubes. Plateada,

inmutable, el Río de Estrellas se despliega por
montañas vacías en su propio frío. Luciente

escarcha empolva el patio, flores de crisantemo
coaguladas allí con la oscuridad hinchada.[47]

Al igual que «Garzas», todo el poema opera en ese momento de iluminación profunda como el espejo con el que concluye «Comienza el Otoño», ya que su enunciado se basa por completo en imágenes, en lugar de enunciados discursivos, un paisaje de imágenes reveladoras en su esencia, en lugar de requerir algún reino trascendental como en el poema de Wordsworth. De hecho, este paisaje de imágenes reflejantes es la identidad misma de Tu Fu en el poema, el contenido mismo de su consciencia. Ese paisaje cosmológico es el material con el que construye un complejo estado mental que abarca todo el universo, desde el Río de Estrellas (nuestra Vía Láctea) hasta los crisantemos de su patio. Es, de nuevo, un acto de meditación y una celebración del parentesco.

47 Traducción al castellano a partir de la versión en inglés, «First Moon», de David Hinton, del libro *The Selected Poems of Tu Fu*, copyright © 1989, 2020. Reproducido y traducido al castellano con permiso de New Directions Publishing Corp y Shambhala Publications. [N. del T.]

12

ESTA PROFUNDA inmediatez perceptiva del reflejo, tan fundamental para el amor y el parentesco, fue cultivada ampliamente por los antiguos chinos a lo largo de toda su vida. Bebían vino como una forma de aliviar la consciencia de sí mismos, clarificando así el conocimiento de las diez mil cosas al disolver la separación entre el interior y el exterior. Tomaban té para aumentar ese entendimiento. Lo ideal era que ambas prácticas tuvieran lugar al aire libre o en un espacio arquitectónico que fuera una especie de ojo- espacio, cuyas paredes abiertas crearan un vacío interior que contuviera el mundo exterior que lo rodeaba, una encarnación física del reflejo de la mente vacía abierta por la meditación, que también practicaban en esos espacios.

Los antiguos chinos cultivaban el parentesco con la Mente salvaje en su forma más magistral entre ríos y montañas, donde aspiraban a habitar como parte integrante del paisaje. El cultivo de esta morada adoptó muchas formas, todas las cuales reconocían el paisaje de ríos y montañas como la puerta abierta a la realización. Más que una extensión de terreno físico, veían en las formas salvajes del paisaje montañoso el funcionamiento mismo del Cosmos —la experiencia inmediata y el profundo reflejo del paisaje montañoso abrieron la consciencia más plenamente a las profundidades de esas dimensiones, a la

Mente salvaje y a la Tierra salvaje—. Encontraban su hogar espiritual en las montañas, pensaban que las montañas eran sus maestras y, por tanto, el paisaje montañoso era el lugar más natural para sus prácticas espirituales. En la medida de lo posible, vivían en un retiro cultivado entre las montañas, donde también construyeron monasterios. Practicaban la meditación entre las montañas, solos en casa o con compañeros en los monasterios. Con la mente en blanco, vagaban por los valles de los ríos y las cumbres de las montañas. Soñaban montañas y construían su vida creativa en torno a ellas.

Las artes cultivaban el hábitat de los ríos y las montañas, artes que (como reconocería Leopold) ayudaban al paradigma taoísta-ch'an a dominar el «énfasis intelectual, lealtades, afectos y convicciones» de la cultura, o como dirían los antiguos chinos: artes que eran los «hilos de urdimbre» con los que se tejía su cultura. De hecho, el principal propósito de la pintura y la poesía era crear visiones artísticas del paisaje de ríos y montañas. Esta práctica artística era una forma de sentir nuestra pertenencia al Cosmos de los tejidos de la existencia, en lugar de simplemente entenderlo, una forma de habitar esa rica pertenencia en la vida cotidiana, de celebrarla. En este sentido, las artes se consideraban extensiones de la práctica taoísta-ch'an.

Los calígrafos chinos aspiraban a crear con la misma espontaneidad desinteresada de una fuerza natural —lo que era evidente, sobre todo, en la energía dinámica de sus pinceladas—. De ahí que la caligrafía represente una profunda práctica ecológica que abre la posibilidad de movernos por la vida como algo más de lo que creemos ser, la posibilidad de movernos como se mueven los ríos, el tiempo o las estaciones, libres de ese centro espiritual aislado y ensimismado. Eso es moverse como el Cosmos mismo, que no es otra cosa que un retorno a la consciencia paleolítica. Esta es la Mente salvaje que la caligrafía representa y hace visible, como revela el pergamino de la p. 94.

La pintura era una extensión de la caligrafía, imágenes construidas a partir de las pinceladas dinámicas de la caligrafía. Los pintores elaboraban sus visiones artísticas principalmente a partir de paisajes de ríos y montañas, infundiéndoles esa energía dinámica: el paisaje montañoso se consideraba la encarnación más dramática del tejido de la existencia viva del Tao. Son paisajes que parecen subsumir al espectador, representados de forma que nos permiten entrar en ellos y recorrer senderos, explorar cañones y valles, arroyos y cumbres montañosas. Esta era la tendencia dominante en la pintura china, a diferencia de Occidente, donde la pintura se abrió tardía y brevemente al paisaje más allá del ámbito humano (retratos, naturalezas muertas, iconografía cristiana). El ancho mundo que nos rodea, infinitamente complejo, bello y sostenible, y que durante más de dos mil años Occidente no consideró lo suficientemente importante como para entrar en el sagrado reino del arte. La pintura china de ríos y montañas, por otra parte, ofrece la misma visión que el arte paleolítico: una impresionante integración de la consciencia humana y el paisaje/Cosmos, que hace que pertenecer a los ríos y montañas no sea solamente una idea, sino una experiencia emocional maravillosa y hermosa (véase p. 95).[48]

Como hemos visto en «Garzas», «Comienza el Otoño» y «Primera luna», la tradición poética china sigue los mismos principios de ríos y montañas que su tradición pictórica, ya que los poemas también promulgan la pertenencia al paisaje de tejidos de la existencia. Al igual que en el caso

---

48 Para una exposición completa de estas dimensiones filosóficas en la pintura china, véase mi obra *Existence: A Story*.

de la pintura, la comparación con Occidente es reveladora, ya que, como hemos evidenciado, las diferencias no podrían ser más extremas. La poesía fue la forma literaria dominante hasta muy tarde en la tradición china, y los poemas que hemos visto son típicos de sus obras maestras: poemas breves y suaves que cultivan el equilibrio espiritual al tiempo que atienden a la experiencia inmediata y cotidiana, todo con el propósito de integrar lo humano y el paisaje. Por otra parte, las obras literarias de época de Occidente tienden a ser grandes construcciones que consumen el mundo dentro de sus visiones centradas en el ser humano: visiones desconectadas del paisaje, la tierra, el Cosmos, e inevitablemente dependientes del orden transcendental del cristianismo. Esas formas hegemónicas son el recipiente para la narración de historias que manifiestan los mismos supuestos centrados en el ser humano.

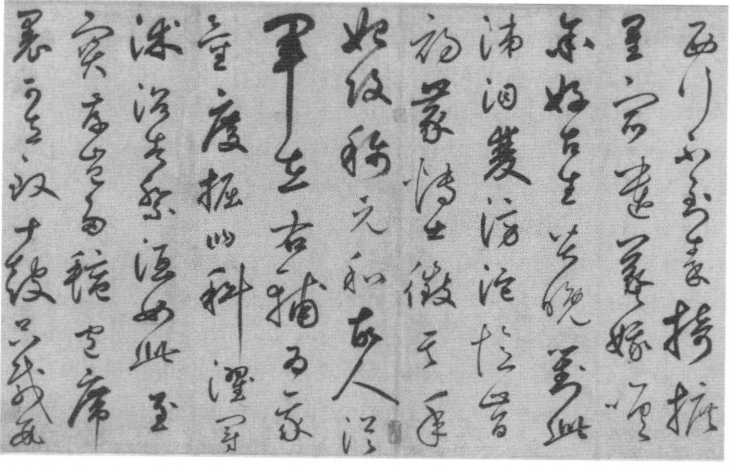

Hsien-yü Shu (1257-1302): *Canción de los Tambores de Piedra* (1301). Detalle. Museo Metropolitano de Arte de Nueva York

Lu Kuang (c. 1300 - después de 1371): *Amanecer de Primavera sobre la Terraza del Elixir* (c. 1369). Museo Metropolitano de Arte de Nueva York

La Biblia cristiana es, por supuesto, la gran constructora cultural europea en cuanto a literatura. Un vasto reino de la imagen centrado en el ser humano, la cual ofrece un mito de la creación que otorga a los humanos el dominio sobre la tierra, un dualismo fundacional espíritu/materia y un dios masculino celestial que establece el valor último fuera de nuestro mundo físico real. Se trata de un dios al que no le importó provocar el Diluvio Universal, un acontecimiento de extinción masiva casi total, como castigo por el «pecado» humano: un capricho divino despreocupado por la destrucción total de la Tierra salvaje y de sus innumerables criaturas, por no hablar de la propia humanidad.

El conjunto de supuestos de la Biblia continúa en la tradición literaria conformada por su esquema mitológico. Cuando Dante se encuentra en los «bosques oscuros», está completamente perdido y desesperado. Un paisaje salvaje como este era, por supuesto, el hogar de los cazadores-recolectores del Paleolítico. Los antiguos chinos buscaban el paisaje salvaje, sentían que vivir en medio de él era la vida más rica y civilizada posible. Construyeron allí casas con grandes ventanales que abrían el paisaje a su espacio vital, y luego las rodearon de jardines y terrazas donde podían sentarse entre el paisaje, meditar, contemplar el vuelo de las garzas nevadas y la caída de las flores de peral, escribir suaves poemas. Dante, por el contrario, se embarca en una gran búsqueda imaginal para escapar de esos «bosques oscuros», una búsqueda en la que el mundo se convierte en un *Inferno* y un *Purgatorio*, una realidad minada en un desfile interminable de metáforas y alegorías mientras persigue el *Paradiso*: una consumación incorpórea en la que la mujer (tierra/cuerpo) se espiritualiza en una forma de Dios.

El *Paraíso Perdido* de Milton es una enorme epopeya bíblica que narra una batalla de otro mundo entre el bien y el mal, Dios y Satán, en la que este mismo mundo (el Jardín del Edén) es un mero decorado y las personas (Adán y Eva) son poco más que peones. Incluso en Wordsworth, que fue uno de los primeros en valorar la «naturaleza»/paisaje, su obra maestra épica *El Preludio* es un extenso poema que de nuevo subsume el paisaje en sus propios intereses, ya que la función del paisaje es una influencia beneficiosa que construye el alma de Wordsworth. No es muy diferente en sus poemas más cortos, como hemos visto. Por otra parte, en *Moby-Dick* de Herman Melville —que, al igual que *El Preludio*, está directamente comprometido con la naturaleza salvaje— esa naturaleza salvaje se utiliza de nuevo para la metáfora y la alegoría: la ballena blanca se convierte en una representación de la divinidad panteísta, el misterio de la existencia o el propio universo. Por supuesto, ¡la obsesión de Ahab es matar a ese magnífico ser!

Es muy diferente de los breves enunciados de este-mundo que son los poemas chinos, o de los relatos de la cultura primitiva que describen una comunidad de humanos, animales y tierra. Como prolongación del Paleolítico, los poemas chinos sobre ríos y montañas manifiestan los presupuestos taoístas del ch'an: la integración del ser humano con el paisaje es el marco en el que estos poemas respiran y hablan. Es una visión de pertenencia y valoración de las diez mil cosas maravillosas de la tierra en sí mismas: la Mente salvaje es parte integrante de la Tierra salvaje. Hay una ética en ello, un complejo de «énfasis intelectual, lealtades, afectos y convicciones». Y es muy diferente de la ética y las convicciones de las obras maestras de la literatura occidental.

Sí, tal vez sea cierto que nada puede salvar el planeta a estas alturas, tal vez la Gran Desaparición de la Sexta Extinción esté ya demasiado avanzada, pero si hay algo que puede hacerlo, sospecho que es el vasto poemita de la garza de Tu Mu:

Garzas

Mantos de nieve, crestas de nieve y picos de jade celeste
pescan en arroyos sombríos. Luego, alzando el vuelo,

abandonan montañas esmeralda en pos de distancias
  encendidas.
Flores de peral, de un árbol repleto, caen en el viento de la tarde.

Está muy claro que la situación es grave, muy probablemente irremediable, y que depositar tanta esperanza en un pequeño poema sobre garzas es, sin duda, tremendamente optimista. Pero el simple hecho de que podamos percibir la liberación en la claridad incandescente de la mirada de este poema, sentir la maravilla y la belleza de las cosas que ocurren por sí mismas, por sí solas revelan que el cambio de paradigma ya está muy avanzado aquí, en el Occidente moderno, y que ya nos está llevando más allá de esos supuestos tradicionales centrados en el ser humano que excluyen nuestro amor emparentado con este planeta vivo y sus diez mil cosas preciosas. Revela cómo esa mente paleolítica original sigue muy viva dentro de nosotros. Esas garzas dejando montañas esmeralda, flores de peral cayendo: pueden ayudarnos a darnos cuenta de que estamos mucho más lejos de lo que pensamos, que quizás no todo esté perdido. Y puede que nos muestren el camino a seguir.

II

VAGANDO LIBRES Y SIN LÍMITES

1

ANTES DE CUALQUIER INTENCIÓN y elección, antes de las ideas, del entendimiento, y de todo lo que creemos saber sobre nosotros mismos: amamos el mundo que nos rodea. Estamos emparentados, emocionalmente enlazados. Las prácticas taoístas-ch'an de los ríos y montañas de la antigua China representan la culminación de la gran transformación cultural de la China primitiva, y también podrían complementar la transformación, notablemente similar, que se está produciendo aquí en Occidente. Cultivan la mente vacía que pertenece a la tierra/Tao sin separación alguna, que es amor y parentesco en el nivel más profundo. Eso revela en la experiencia inmediata un principio filosófico más amplio, central en el pensamiento y la práctica del taoísmo-ch'an: que somos «no-nacidos»; una comprensión que parece ser una forma más de que la experiencia paleolítica del yo integral al ecosistema sobreviviera en el marco del taoísmo-ch'an chino.

En ese marco, la muerte es un regreso a casa, un regreso al tejido generativo del Tao, a (como dice Lao Tzu) la «madre nutricia», la «madre de todo lo que hay bajo el cielo». Y había consuelo en eso, en pertenecer. Pero visto a un nivel más profundo, nunca abandonamos el hogar. El Tao es toda la realidad como una única existencia-tejido viviente. Las diez mil cosas no nacen de ella, nunca se separan de ella. Forman parte de ella en todos los sentidos. Y lo mismo ocurre con nosotros, con la mente, la identidad y todos los aspectos de la civilización humana. Podría parecer que nacemos del Cosmos/Tao, que al morir volvemos a él. Pero en estas profundidades, por muy separado que esté el centro de identidad, con su pensamiento y su memoria, cada uno de nosotros somos una forma fugaz conjurada en el proceso generativo de transformación perpetua del Tao: no solo nacidos de la Tierra salvaje/Cosmos/Tao y devueltos a ella en la muerte (que sigue suponiendo un centro de identidad separado de la tierra y sus procesos), sino que nunca estamos fuera de ella, somos *no-nacidos* completamente, de principio a fin, Mente salvaje integrante de la Tierra salvaje.

Este parentesco nonato es nuestra naturaleza original (lo que Wordsworth y Thoreau y sus compatriotas anhelaban y encontraron en las culturas nativas americanas) y, sin embargo, prácticamente desapareció tras el Paleolítico. Para nosotros es difícil habitar ese parentesco, por eso existía la práctica espiritual en la antigua China. El cultivo taoísta-ch'an de la naturaleza original no nacida es nuestra práctica ecológica más radical y profunda. Pero es un reto. En la antigua China, los grandes maestros eran sabios taoístas, poetas y pintores, maestros ch'an, ríos y montañas. Definitivamente necesitamos maestros así, y afortunadamente siguen estando a nuestra disposición. Pero nuestro maestro más elemental puede ser ahora la Gran Desaparición como tal, la sexta extinción masiva de la Tierra que revela directamente hasta qué punto somos parientes de la Tierra salvaje a través de la intensidad emocional de nuestro amor y dolor planetario por la vasta destrucción, el sufrimiento y la muerte.

Las orcas residentes del sur muriendo lentamente de hambre, tan estresadas que su reproducción es rara, su población en franco declive: la Sexta Extinción enseñándonos nuestro amor. Los treinta parques nacionales de Vietnam no son en realidad reservas de vida salvaje, sino cotos privados de caza donde una campaña genocida contra los primates abastece a los ricos de carne exótica (no muy diferente de la matanza de pájaros cantores que se lleva a cabo en Italia para obtener sabrosos bocados): la Sexta Extinción enseñándonos nuestro parentesco. La mitad de los animales del planeta ya han desaparecido, individuo a individuo, especie a especie, y gran parte de la otra mitad está desapareciendo: el panda rojo y el cóndor de California, la vaquita marina y la ballena azul, la rana dorada panameña y la tortuga carey, e incluso el bonobo y el chimpancé, nuestros parientes genéticos más cercanos —que comparten nada menos que el 98.7% del ADN con nosotros—, desapareciendo, desapareciendo: todo ello enseñándonos el amor que tenemos por este mundo, enseñando nuestro parentesco con las diez mil cosas preciosas.

Se trata de una intensidad emocional que revela nuestra naturaleza original como Mente salvaje emparentada hasta la médula con la Tierra salvaje y, de nuevo, «ver la naturaleza original» es la definición misma de despertar en el budismo ch'an. Despertar puede parecer difícil. Las prácticas ch'an, como la meditación, vuelven a despertar el parentesco y aún podemos cultivarlas —estas prácticas desentrañan los supuestos greco-cristianos que estructuran la conciencia para nosotros, y así poder detener la destrucción—. ¡Qué extraña bendición es este maestro, esta ecocatástrofe en desarrollo! ¡Revela lo fácil que es y lo despiertos que estamos siempre!

Hemos visto cómo, hace tres milenios, el paradigma antropocéntrico y espiritualizado de la China de la dinastía Shang se transformó en el paradigma taoísta-ch'an ecocéntrico. Entonces, fue el sufrimiento infligido por la tiranía política lo que impulsó una transformación total de la consciencia. Aquí, después de dos siglos de maestros —desde Wordsworth y Thoreau hasta el zen y el *Land Art*— que lideraron una lenta transformación de los supuestos occidentales, quizá la Gran Desaparición sea en sí nuestra próxima maestra. Con el sufrimiento y la muerte de la extinción masiva ya inimaginablemente vastos, tal vez sean estas dolorosas fuerzas las que completen una transformación similar aquí, devolviendo la Mente salvaje a la Tierra salvaje.

Ya hemos visto suficiente de lo que la Gran Desaparición, la Sexta Extinción, tiene que enseñarnos, todas esas ideas de la comprensión paleolítica y taoísta-ch'an que han comenzado a surgir aquí en Occidente. Hay más, y llegaremos a eso. Pero por ahora, vale la pena recordar que al denunciar la destrucción del planeta, Robinson Jeffers proponía en realidad una forma radical de autorrealización, una autotransformación liberadora en la que restablecemos nuestro parentesco de Mente salvaje con la Tierra salvaje y el Cosmos. La Gran Desaparición también nos está revelando nuestro ser más profundo, bello y pleno. Al convocar todo ese amor, alegría y dolor, revela nuestro yo más grande y primordial, nuestra naturaleza original de Mente salvaje: de nuevo, la definición misma del despertar en el budismo ch'an. Así pues, la Gran Desaparición es un maestro especialmente profundo en nuestra época.

Qué extraño que al cultivar este despertar, esta Mente salvaje integrante de la Tierra salvaje, cada uno de nosotros cultive no solo su ser más grande, sino también la posibilidad de poner fin a la Gran Desaparición actual. Qué perfecto que estén entrelazados: ¡cultivar la Mente salvaje y cultivar la Tierra salvaje! Si no somos capaces de dominar lo que la Sexta Extinción nos está enseñando, viviremos con esa vasta herida de consciencia arrancada de la existencia. Al mismo tiempo, la tormenta de Jeffers seguirá llegando desde «la extensa costa / del futuro para limpiar» nuestro planeta de lo humano. De hecho, en nuestro amor emparentado con este mundo, puede ser difícil no compartir el sentimiento de Jeffers de que, salvo una transformación total de la consciencia humana, cuanto antes haga su trabajo esa tormenta, mejor para la Tierra salvaje en su conjunto.

2

La tesis aparentemente perspicaz y acertada de Lynn White de que un conjunto de ideas cristianas es la «raíz histórica de nuestra crisis ecológica» es uno de los innumerables ejemplos de cómo, incluso ahora en nuestro mundo científico y secular moderno, funcionamos con la suposición inadvertida de que somos centros espirituales radicalmente separados del mundo que nos rodea. Lo hacemos aunque sepamos que no es así, porque pasa desapercibido. La propuesta de White supone que las ideas existen de algún modo en un reino propio, separadas de las diez mil cosas de la realidad empírica y contemplándolas desde una especie de reino espiritual exterior. Lynn White asume que estos supuestos determinan nuestro comportamiento, que de algún modo son lo primero, y que si pudiéramos cambiar a un conjunto de ideas más benignas para el medio ambiente, podríamos cambiar nuestro comportamiento.

Es evidente que hay mucho de cierto en ello y, sin duda, ofrece esperanza. Nos permite imaginar que los paradigmas paleolíticos y taoístas-ch'an ofrecen marcos ricos y aparentemente viables para construir una sociedad más sostenible desde el punto de vista medioambiental. Pero, al fin y al cabo, somos completamente *no-nacidos*. En los estratos más fundamentales de la arqueología de la mente, la percepción evolucionó a lo largo de millones de años durante los cuales nuestros antepasados humanos y prehumanos navegaron por el mundo con éxito. A medida que se movían por el mundo, interactuando con él, el mundo perfeccionaba constantemente la percepción para representar cada vez con más precisión el mundo físico. Esto les era necesario para prosperar y tener éxito. Nuestra comprensión irreflexiva de la profundidad y la distancia, de lo sólido y lo abierto, del movimiento y la forma, de la luz y la oscuridad: todo ello fue impreso por la realidad física en la mente de nuestros antepasados como la estructura misma de la percepción. Difícilmente sea la acción intencional de un centro de identidad transcendental —la suposición impensada que dio lugar a la epistemología y a muchos lamentos filosóficos—, la percepción es, de hecho, la consciencia tejida inextricablemente a partir de la Tierra salvaje y sus diez mil cosas, formada de y por ellas.

Hemos visto cómo, en el siguiente estrato de la arqueología de nuestra mente aún no-nacida, el Ser aparentemente trascendental se construye, de hecho, a partir del mundo que nos rodea —los estados y procesos mentales se construyen mediante la transferencia metafórica a partir de la realidad empírica: desde las balanzas de los mercados hasta las estrellas (p. 68)—. ¿Y no ocurre lo mismo con la inteligencia y sus ideas? (que es el siguiente estrato superior en esta arqueología de nuestra mente no nata). Las ideas, esos extraños artilugios a través de los cuales definimos nuestra identidad y nos orientamos en el mundo. Incluso en su forma más grandiosa, como paradigmas ideológicos/mitológicos que definen la cultura (y destruyen el ecosistema), también son ideas nonatas. De hecho, podemos remontarnos al griego *idein* y a la raíz indoeuropea *weid*, que significan «ver» en el sentido físico directo de ver un objeto en el mundo. Así pues, la *idea* no es una entidad trascendental, sino el contenido físico de la vista: un vestigio de la conciencia paleolítica.

El *Homo sapiens* se especió porque podíamos adaptarnos a condiciones que cambiaban rápidamente. Éramos carroñeros, y eso nos obligaba a encontrar soluciones creativas a situaciones siempre nuevas, lo que nos llevaba a capacidades cada vez mayores de inteligencia, imaginación y creatividad —los generadores de ideas—. Al ampliar nuestro radio de acción, nos adaptamos a nuevos entornos por todo el planeta, muchos de los cuales requerían habilidades de supervivencia totalmente nuevas. Y adoptamos formas de vida totalmente nuevas: del carroñeo a la caza y la recolección paleolíticas, pasando por la agricultura neolítica y la vida industrial, capitalista y urbana moderna. La adaptación evolutiva que nos permitió hacer todo esto con tanto éxito fue la inteligencia. Éramos muy listos, y esa inteligencia nos dio la capacidad de adaptarnos y explotar nuestro entorno con eficacia.

La inteligencia es en sí misma una adaptación ingeniosa que permitió a las especies sobrevivir y prosperar. Evolucionó en los primeros humanos para interpretar y comprender cada vez mejor el mundo físico (¡el proceso científico en nuestros orígenes!), algo esencial para sobrevivir como carroñeros y cazadores-recolectores. Al igual que con la percepción, cuanto más preciso era el pensamiento, más éxito teníamos como individuos y como especie. Así, más que una especie de reino trascendental que contempla el mundo, el pensamiento es una estructura que el propio mundo imprimió en nuestros antepasados. La precisión del pensamiento es en sí misma esa huella, es el mundo literalmente dentro de nosotros, como nosotros. Y cuanto más precisos fueran esos antepasados, no solo *sabiendo* cosas, sino también analizando sus implicaciones e imaginando el futuro, más éxito tendrían. De ahí que nuestras capacidades analíticas e imaginativas sean también el mundo impreso con perfecta precisión en nuestro interior. Y la memoria —ese recipiente donde más parece residir el centro de la identidad— no es diferente. La inteligencia humana es *nonata*, no trasciende: es el mundo misterioso y salvaje que opera en nuestro interior. De hecho, esto es tan profundo que no podemos realmente pensarlo, ¡pues es la estructura misma del pensamiento!

La realidad dicta la forma que toma la inteligencia, porque dictamina lo que funciona. Y esa inteligencia nos permitió expandirnos por todo el planeta y acabar dominando el ecosistema de una forma sin precedentes. Nos permitió fabricar herramientas cada vez más eficaces, empezando por las herramientas de piedra y continuando con los sistemas de autopistas y los ordenadores. Pero de esas herramientas, las más eficaces fueron, sin duda, las ideas y los paradigmas conceptuales que rigen nuestras vidas —que también son simples adaptaciones evolutivas que aumentaron espectacularmente nuestro éxito como especie—. Una vez más, en lugar de existir en una esfera trascendental, como White supone sin sospecharlo, las ideas surgen de la biología. Están al servicio de la biología. Es decir, son una herramienta más que utilizan los individuos, los grupos y la especie en su conjunto para imponer su voluntad en el mundo, para aumentar su éxito evolutivo.

La más poderosa de esas herramientas son los grandes paradigmas culturales que rigen nuestras vidas. Como señala White, el más potente de ellos fue el paradigma cristiano. Además de mitologizar una relación instrumental y explotadora con la tierra, dice a los cristianos (varones) que son un pueblo elegido que lleva a cabo el designio de Dios, que Dios protege y promueve sus intereses, y todo eso solo puede fomentar un profundo optimismo y seguridad y una crueldad que, a su vez, engendra un mayor éxito. Los marcos paleolítico y taoísta-ch'an parecen ser descripciones exactas de la realidad, y más ventajosas para el ecosistema en su conjunto, mientras que el marco occidental es claramente inexacto y destructivo. No obstante, el marco greco-cristiano se impuso simplemente porque es una herramienta más poderosa para el éxito evolutivo humano.

Si las ideas y las ideologías no compiten con éxito en el marco evolutivo, son sustituidas por ideas más eficaces. Las mitologías del parentesco con toda la vida fueron eficaces en las sociedades de cazadores-recolectores, preservando los ecosistemas sanos y equilibrados que dichas sociedades necesitaban para prosperar a largo plazo, y sobrevivieron en los refinamientos taoístas-ch'an que operaban en un contexto cultural muy parecido al nuestro. Pero al final, ninguno de los dos pudo competir con ideologías que situaban al ser humano por encima y fuera de la existencia, ideologías que cosificaban un Ser centrado en el espíritu y permitían una relación instrumentalista con el mundo, devaluando lo no-humano y poniéndolo a disposición de una explotación desenfrenada. De hecho, esos paradigmas culturales también deshumanizaron a la mayor parte de nuestra propia especie. «El otro» proporcionó una poderosa ventaja selectiva desde el principio. Tribus, razas, naciones, religiones: al devaluar al otro, justificaban matar y desplazar a otras personas y, por tanto, aumentaban su propio éxito evolutivo. Puede que veamos todo esto como una tragedia, pero la indiferente perspectiva evolutiva del Cosmos no ofrece juicio alguno. La ideología greco-cristiana simplemente funciona mejor como estrategia de supervivencia, como los colmillos o la velocidad, y por eso la dominación europea se extendió, al igual que su destructividad.

Esto ha llevado al punto crítico al que nos enfrentamos ahora, un punto de inflexión en el que las estrategias cerebrales de supervivencia del *Homo sapiens* están empezando a fallar. Como cualquier otra especie que sobrecarga su hábitat, el *Homo sapiens* se enfrenta ahora a su propio declive y quizá a la extinción. Esta es la tormenta de Jeffers que llega desde «la extensa costa / del futuro» y, por supuesto, es totalmente *natural*. Como dicen tanto la teoría evolutiva como la filosofía taoísta-ch'an: lo único que nunca cambia es el cambio en sí mismo. Vale la pena recordar que nuestros parientes homínidos más cercanos prosperaron durante mucho más tiempo que el *Homo sapiens*, pero acabaron extinguiéndose. Mientras que el *Homo sapiens* existe desde hace unos 330 000 años, el primate proto-*Homo*, el *Australopithecus*, sobrevivió alrededor de 1.5 millones de años; el *Homo habilis* prosperó durante un millón de años; el *Homo erectus* 2 millones de años; e incluso el *Homo neanderthalensis*, cuyo tiempo en el planeta aparentemente acortamos los *Homo sapiens*, perduró durante 360 000 años.

3

Al final, parece que White se equivoca. No es que a los espíritus inmateriales se les ocurriera de algún modo un conjunto de malas ideas que luego impulsaron un comportamiento destructivo en el reino material. Visto desde los supuestos greco-cristianos que White comparte con nuestra cultura en general, supuestos que subyacen al modelo actual de mayordomía medioambiental, esas «malas» ideas parecen de algún modo antinaturales, parecen proceder de ese centro espiritual que opera en su propio reino, un reino que incluso parece situado esencialmente fuera del ecosistema de la Tierra. Es tentador pensar que si pudiéramos sustituir nuestro marco conceptual egoísta y destructivo por una relación más natural y solidaria con la Tierra, podríamos invertir el desastre ecológico que se está produciendo.

Pero la mente y el yo, los pensamientos y las ideas, como el paradigma cristiano de White, son el ecosistema mismo dentro de nosotros, y surgieron del proceso evolutivo. Son la Tierra salvaje operando dentro de nosotros, como nosotros. Proporcionan al animal humano el máximo de autorrealización: placer, seguridad y supervivencia. ¿No es esto lo que hace cualquier animal, y no es el *Homo sapiens* un depredador alfa más? La única diferencia es que nosotros tenemos una pasión salvaje y aparentemente ilimitada por imponer nuestra voluntad al mundo, y cumplirla nos parece equivalente a la autorrealización. Sí, una pasión *salvaje* que forma parte de nuestra naturaleza animal. Hemos tenido un éxito asombroso en esa pasión salvaje, porque unas pocas peculiaridades anatómicas nos dan un poder único para infligir una vasta devastación al ecosistema. Es poco probable que los humanos modernos sean más felices o estén más realizados que los cazadores-recolectores paleolíticos, especialmente en los niveles más profundos, donde ahora soportamos esa herida de la consciencia desarraigada. El paradigma greco-cristiano ha transformado la existencia humana de innumerables maneras —algunas superficiales y otras genuinamente buenas— a través de la ciencia, la tecnología y el capitalismo de consumo (todo ello perfectamente no-nacido o «natural»). Es poco probable que el animal humano se vuelva contra su propia autorrealización, por muy mal concebida que esté: hay poco impulso para renunciar por principio a cosas que creemos que engrandecen nuestras vidas: coches, cuentas bancarias, medicina, viajes en avión, vino, astrofísica, hijos, etc.

Como hemos visto, el Ser trascendental es una poderosa adaptación que hace que la especie tenga más éxito —nos separa, permitiendo así esa poderosa relación instrumental con el mundo que nos rodea—. Y, de nuevo, es la Tierra salvaje la que crea este Ser de centro espiritual dentro de nosotros. Estamos entretejidos a través del mundo. Los pensamientos, las ideas, las estructuras de la autoidentidad no son autoidentidad en absoluto. Son, literalmente, Tierra salvaje operando «dentro» de nosotros, parte de la Tierra salvaje como un tejido único que se despliega a través de las dimensiones sensibles del ecosistema: seres individuales, todos ellos interconectados, exactamente como en el paradigma paleolítico. Es impresionante cómo estamos entretejidos con el mundo en todos los niveles. Lejos de nuestra suposición de que somos un interior dirigido a un mundo *exterior*, todo lo que hay en nosotros es ya ese *exterior*. ¡Qué ilimitado sentirse así!, ¡las estructuras mismas de la mente, con todas sus dimensiones, ilimitadas con las distancias intrincadas de la Tierra salvaje!

Somos no-nacidos hasta la médula, una Mente salvaje totalmente integrada en el tejido de la existencia generativa de la Tierra salvaje, y aceptar esto engendra una nueva comprensión de nuestra ecocatástrofe en desarrollo. Ahora podemos ver la Sexta Extinción como un acontecimiento completamente natural: la depredación humana no difiere de las causas pasadas de extinción masiva: volcanes, asteroides, glaciares, erupciones de metano, explosiones de rayos gamma. Como ocurrieron hace tanto tiempo y no nos afectaron directamente a nosotros ni al mundo que conocemos, podemos ver esos sucesos de extinción pasados como los ve el Cosmos, con esa misma indiferencia. Aceptamos la pérdida masiva de especies, simplemente, como parte de la evolución inevitable y «natural» del planeta. Y desde la perspectiva de los no-nacidos, podemos ver el acontecimiento de extinción masiva de hoy de la misma manera.

Así son las cosas, aparecen, florecen y desaparecen: animales, redes tróficas, cordilleras, continentes, estrellas y galaxias, y también la diversidad de los ecosistemas planetarios de la Tierra. La transformación siempre implica destrucción, esa desaparición de las cosas que permite que surjan nuevas configuraciones de existencia. También está presente en la desaparición momentánea de pensamientos y percepciones dentro de la consciencia, que siempre abre espacio para nuevos pensamientos y percepciones. Está en el flujo de ideas de este libro: una idea tras otra, una frase tras otra, cada una de las cuales se desvanece en la idea o frase siguiente. Está también en nuestra constelación familiar de diversidad de especies, que ahora sufre una extinción masiva que abrirá espacio para nuevas constelaciones de diversidad.

La red de diversidad de la Tierra está en un proceso de transformación constante e interminable. Es el estado natural de las cosas, esa red que deja de ajustarse a las variaciones de las condiciones del ecosistema: siempre modulando las condiciones climáticas, los cambios geológicos, la llegada de especies, etc. En la historia de la vida en la Tierra ha habido muchas grandes extinciones, locales y globales, incluidas cinco especialmente repentinas y cataclísmicas en las que la constelación planetaria de diversidad se vio drásticamente mermada, perdiendo cada vez entre el 70 % y el 90 % de las especies. Amamos este mundo, por lo que es difícil considerar la sexta extinción masiva como algo similar a las cinco primeras. Es difícil no culpar de ello a las ideas y actividades humanas «antinaturales», difícil no pensar en el ser humano como el gran destructor antinatural. Parece de un realismo estricto admitir, con Jeffers, que cuanto antes desaparezcan los humanos, mejor será para el conjunto. Pero la Gran Desaparición de hoy no es diferente de las anteriores. Cada aspecto de la naturaleza humana, el motor de esta extinción, es tan elemental, natural e ineluctable como los volcanes, los asteroides o los glaciares.

Aunque la diferencia en el impacto medioambiental de las culturas nativas de Norteamérica y los europeos invasores es casi total, no deja de ser cierto que los nativos americanos no eran inmunes a las acciones voraces. También, decenas de miles de años antes, en Europa, ¿no habíamos llevado ya a la extinción a nuestra especie hermana, los neandertales, con los que compartíamos el amor apasionado y los hijos, una especie que de hecho sobrevive en nosotros, en nuestro propio ADN? Además, aún más sorprendentemente, e incluso extraño, visto desde esta amplia perspectiva planetaria, ¿no hemos estado en guerra incluso con nosotros mismos, con la propia especie *Homo sapiens*, desde siempre y de muchas maneras? Aunque todo haya cambiado desde el Paleolítico, nada ha cambiado realmente. La escritura, el alfabeto y la gramática, el *yo*, la inteligencia y la idea, la ciencia, la tecnología y el capitalismo, los motores, las fábricas, las armas, las guerras, los generadores de energía y las kilométricas redes de deriva,[49] nuestra agresividad y violencia innatas: todo es exactamente igual que los volcanes devastadores o los asteroides.

Tras una extinción masiva, se produce una rápida nueva especiación. La última extinción masiva fue la del Cretácico-Paleógeno, causada por el impacto de un asteroide en la península mexicana de Yucatán hace 66 millones de años (aproximadamente, una décima parte de los 600 millones de años de vida del planeta). Mató a más del 75 % de las formas de vida de la Tierra. Pero después, la nueva especiación fue rápida y dramática, conjurando este mundo emparentado que amamos y anhelamos aún más profundamente de lo que podemos conceptualizar. Evocó toda la aviario de la Tierra: pájaros cantores con sus ráfagas de arco iris volando y cantando, garzas nivosas dejando montañas esmeralda. También, la especiación de los mamíferos fue bastante espectacular, creando a nuestros compañeros más queridos: perros y gatos,

49 Una red de deriva es una red de pesca vertical que se deja a la deriva en el agua, impulsada por las corrientes marinas o el viento. Estas redes pueden atrapar una gran variedad de peces, aves marinas, mamíferos marinos y otras especies no deseadas, por lo que se considera una práctica agresiva con el medioambiente. [N. del T.]

caballos, ballenas orcas, primates y, entre muchos otros, creándonos a nosotros.

Amamos este mundo, este planeta vivo, nos sentimos emocionalmente enlazados con sus diez mil cosas. Por eso no es de extrañar que nos aferremos a nuestra constelación familiar de diversidad. Elegimos algún momento ideal para valorarlo absolutamente y defenderlo y lamentarlo, algún momento antes de que la destrucción humana comenzara en serio —hace quinientos, cinco mil o hace cincuenta mil años atrás—. Pero otra notable constelación de diversidad fue destruida para hacer posible ese momento. Este mundo fresco y exquisito que habitamos es también una secuela, una ruina, y su destrucción solo puede abrir nuevas posibilidades que probablemente serán aún más valiosas y bellas, pues cada extinción masiva conduce a un conjunto de diversidad más complejo y notable, porque comienza con un conjunto más complejo.

Nuestro momento es solo una parte de una historia de constante transformación evolutiva que abarca cientos de millones de años e incluye cinco extinciones masivas antes de la nuestra. Aquí, en Norteamérica, nuestro momento es bastante reciente y de corta duración: no solo la red diversa que surgió en los últimos 66 millones de años, sino la que recolonizó Norteamérica tras la última glaciación, que fue, a escala local, un evento de extinción masiva absoluta que terminó hace apenas quince mil años (parte de esa recolonización fue la migración humana a este continente: de nuevo, el animal humano como parte integral del ecosistema).

Un trozo de la historia natural de la Tierra: valoramos este momento porque es la constelación de diversidad en la que aparecimos y florecimos, porque nuestro parentesco amoroso nos integra en ella. Valoramos este momento porque es la vasta y compleja red de belleza que conocemos y amamos, el ecosistema que sustenta nuestra vida. Pero tan solo somos una entre las innumerables especies que aparecen, florecen y desaparecen en la continua evolución de la vida en el planeta Tierra. Una vez que vemos desde la perspectiva del no-nacido, podemos ver esta Sexta Extinción como un resultado totalmente natural de la evolución cosmológica. Visto desde esa perspectiva, no hay razón para valorar nuestra diversidad particular por encima de alguna otra, por encima de cualquier otra que aparezca después de que esta extinción haya seguido su curso.

Quizá la enseñanza más radical y profunda de la Sexta Extinción sea que la Sexta Extinción está perfectamente bien. Esto es ver con la mayor claridad taoísta-ch'an, la de un Cosmos limitado mirándose a sí mismo, contemplándose a sí mismo. En la comprensión taoísta-ch'an, incluso podría llamarse *iluminación*, transformadora iluminación frente a la devastadora realidad de nuestra era: existir completamente como un ser nonato, tu identidad más verdadera y expansiva que es la totalidad del Tao, el ecosistema, la Tierra salvaje, el Cosmos. En ese despertar nos movemos con la vasta tranquilidad del Cosmos —incluso ahora, cuando se desata esta Gran Desaparición—. Con tranquilidad, o incluso ociosidad —un antiguo ideal espiritual chino de moverse por la vida cotidiana con la misma espontaneidad desinteresada que el Cosmos—. Y aprendemos un tipo de risa insaciable ante la esencialidad en cómo las cosas se despliegan a partir de su naturaleza inherente, de la única manera que se puede. Reírnos de lo hermoso que es todo, aunque sea terriblemente desconcertante y descorazonador.

Nuestro ser más verdadero es la totalidad de este tejido generativo de la existencia en perpetua transformación, es en realidad todas las nuevas posibilidades que abre esta Gran Desaparición. Dondequiera que nos lleve la Gran Desaparición será igualmente bello. Es una visión difícil, pero también fascinante. Está en el poema de la garza de Tu Mu. Y estaba ahí hace dos mil trescientos años, cuando surgió la comprensión taoísta-ch'an al final de la gran transformación cultural de China, cuando Chuang Tzu describió a los sabios iluminados que vivían totalmente en esta perspectiva nonata (profunda y ecológica):

> para esas personas [el nacimiento y la muerte] no cambian nada. Todo el cielo y la tierra podrían agitarse y desmoronarse, pero para ellos nada se perdería. Indagan donde nada es falso, y no se ven zarandeados por el vaivén de las cosas. Saben que la transformación sin fin de las cosas sigue su propia naturaleza inevitable, y se aferran a la fuente ancestral [...]
>
> Préstamo de todo lo demás, pronto volverán al cuerpo único. Olvidando el hígado y la vesícula biliar, renunciando a las orejas y los ojos, continuarán de nuevo, dando tumbos y girando a través de un borrón de finales y comienzos [...] vagando sin límites y libres a través del desinteresado despliegue de las cosas.[50]

---

50 Chuang Tzu 5.1. Véase mi trabajo *Chuang Tzu: The Inner Chapters*. También en mi *The Four Chinese Classics*.

4

HAY ALGO DE LIBERACIÓN en esa iluminación del no-nacido, liberación que nos abre a nuestro yo ilimitado: Mente salvaje nonata e integrante de la Tierra salvaje. Es una liberación difícil, que nos lleva más allá de nuestros supuestos centrados en el ser humano, incluido el supuesto de que el proyecto humano es intrínsecamente bueno e incluso noble, que justifica los costes ecológicos que ocasiona. Una vez dejados atrás esos supuestos, habitamos la perspectiva indiferente del Cosmos. Este es el paradigma paleolítico y taoísta ch'an, la perspectiva propuesta por Robinson Jeffers. Es la claridad absoluta. Y sin embargo, sin embargo...

Antes de cualquier intención y elección, antes de las ideas, del entendimiento, y de todo lo que creemos saber sobre nosotros mismos: amamos el mundo que nos rodea, este planeta vivo. Lo anhelamos, tenemos hambre de él. Nuestras lenguas están hambrientas de probarlo y hablar sobre él. Nuestros ojos, de asimilarlo. Nuestras mentes, de contemplarlo. Nuestros cuerpos, de tocarlo. ¡Qué extraño! Como ya lo sabía Jeffers, y los sabios taoístas-ch'an, el Cosmos es perfectamente indiferente, y nosotros formamos parte de esa indiferencia. Pero qué maravilla: en nosotros, el Cosmos de algún modo se ama a sí mismo, ama las diez mil cosas de este mundo, ¡las aprecia! Y así, por paradójico que parezca, la iluminación aparentemente despiadada de Chuang Tzu también nos abre a ese sentido elemental de amor y parentesco con este amplio mundo que nos rodea.

Imbuidos de ese amor y parentesco, los cazadores-recolectores paleolíticos vivían en un mundo emocional profundo y complejo que en gran medida está ausente en nosotros. Sus vidas dependían de matar a seres individuales que reconocían como parientes, como hermanas o hermanos, o ancestros, o más exactamente, como formas pasadas/futuras de sí mismos. Lo único que podía suscitar eso era un intenso sentimiento de pena por la matanza y de gratitud por el sacrificio que permitía que sus vidas continuaran. Pena, pero también reverente gratitud y un amoroso compromiso por dañar lo menos posible a ese mundo intensamente emparentado y precioso: *ahimsa*, la no violencia amorosa del budismo en la que evitamos el daño innecesario. Todo ello impregnado de la celebración de pertenecer a un vasto y misterioso tejido que se extendía mucho más allá de su propia existencia, una celebración en la que saboreaban la belleza de todo, momento-a-momento.

Este complejo emocional era una ética —una que valoraba la Tierra salvaje como hogar, como madre, como nuestro yo más amplio y profundo—. Como se ha mencionado anteriormente, es una ética que valora a cada uno de los habitantes de la Tierra como parientes e incluso indistinguibles de nosotros, individuo a individuo. En el nivel más básico, donde el ecosistema es un tejido único y cada uno de nosotros somos una parte nonata de su conjunto, ese tejido de existencia es en sí mismo nuestra identidad más grande y verdadera. El camino a seguir de ese tejido es nuestro propio camino a seguir, y el bienestar de las diez mil cosas individuales es nuestro propio bienestar. Así, hasta que no valoremos las diez mil cosas, no nos valoraremos a nosotros mismos, y hasta que no las cuidemos, no nos cuidaremos a nosotros mismos. Porque si ellas no prosperan, nosotros no prosperamos; y si ellas no sobreviven, nosotros no sobrevivimos. Como hemos visto, es una ética reconocida tempranamente por Mencio, contemporáneo de Chuang Tzu: «Las diez mil cosas están todas en mí. Y no hay mayor alegría que mirar dentro de mí y encontrarme fiel a ellas». De ahí se deduce que solo cuando dejemos de preocuparnos tan exclusivamente por nosotros mismos empezaremos realmente a cuidarnos.

En este profundo sentido de pertenencia como parte integrante del vasto Cosmos viviente, somos el Cosmos indiferente no solo al reflejarnos y reflexionar sobre nosotros mismos —sobre el Cosmos mismo—, sino también sintiéndonos a nosotros mismos. Ahora, en medio de esta Gran Desaparición, el Cosmos está aprendiendo en nosotros una nueva versión de ese antiguo complejo emocional paleolítico: una estimulante marejada de emoción corazón-mente. No hay palabra para describir esta intensa amalgama de sentimientos: gozosa pena, gratitud, celebración, desesperación, reverencia y rabia, asombro y admiración. Y amor. Una vez más, el Cosmos es perfectamente indiferente y, sin embargo, qué extraño: a través de nosotros ama las diez mil cosas de este mundo. Entonces la práctica del ch'an nos devuelve a ese amor primordial.

El Cosmos es puro misterio que evoluciona incesantemente en un proceso de transformación que está plagado de creación y devastado por la destrucción. Sin embargo, sus procesos son lentos y constantes, incluso tranquilos. Cuando habitamos como parte integrante de la Tierra y el Cosmos, habitamos nuestro más grande ser, nuestra totalidad. Entonces, en lugar de aferrarnos a un ser permanente —un centro de identidad estable y duradero que se sostiene a su vez aferrándose a una constelación de suposiciones, ideas y respuestas—, podemos compartir esa tranquilidad. Y podemos hacerlo, incluso, cuando el proceso de transformación de la Tierra atraviesa la Gran Desaparición de nuestra extinción masiva contemporánea en su camino hacia la nueva red de diversidad que pueda surgir de ella.

Es una tranquilidad impregnada de esa nueva emoción que el Cosmos está aprendiendo en nosotros: gozosa pena, gratitud, celebración, desesperación, reverencia y rabia, asombro y admiración, y amor, amor y parentesco, todo ello enredado con el sentido de radical salvajismo y libertad que se deriva de existir no como un centro de identidad circunscrito, sino como un todo entretejido en un Cosmos dinámico y generador. Una libertad salvaje en la que nos movemos a través de la experiencia cotidiana con la tranquilidad del Cosmos, libres incluso de la propia muerte, porque cuando llega la muerte, ya sea la nuestra o la extinción masiva global, llega como el tejido de la existencia que simplemente despliega su siguiente posibilidad. De ahí surge esa risa sin fondo, sin fondo porque es desinteresada, sin fondo porque no hay límites para la Gran Transformación de la Tierra Salvaje. La risa de la Mente salvaje impregnada de tranquilidad ante el misterioso despliegue de ese tejido de la existencia.

Así es como se cura la vasta herida de la consciencia moderna. En esa curación, resolvemos la paradoja de que solo abrazando la Gran Desaparición (incluida la nuestra) como una parte perfectamente natural del proceso evolutivo del planeta Tierra, solo entonces podemos evitar la Gran Desaparición. Y si no podemos hacerlo, la tormenta de Jeffers seguirá cobrando fuerza a medida que llega de «la extensa costa / del futuro», limpiando el planeta de lo humano y de tantas otras cosas.

Este es el paradigma que Leopold y White no acababan de ver: un sistema de «énfasis intelectual, lealtades, afectos y convicciones» que no solo es ecocéntrico, sino también preciso y asombrosamente bello, incluso liberador. Es una especie de vuelo, y así lo describió Chuang Tzu:

> Si subes a la fuente del cielo y de la tierra y de los diez mil cambios, si cabalgas las seis estaciones del *ch'i* en su interminable disputa, entonces recorres lo inagotable, sin depender de nada en absoluto. De ahí el dicho: *Lo realizado permanece sin ego. Lo sagrado permanece sin mérito. Los iluminados permanecen sin nombre.*[51]

Para nosotros, es una huida salvaje en medio de la vasta tormenta de Jeffers. Y puesto que la Gran Transformación de las cosas es inagotable, en este vuelo nosotros mismos somos inagotables, inagotables en la libertad radical de los seres emparentados de la Tierra salvaje que se despliegan todos juntos a través de la Gran Transformación: el yo desaparece y es reemplazado por el tejido de la existencia generativa como un todo. La Mente salvaje es pariente e integrante de la Tierra salvaje: qué misterioso y maravilloso, ¡es una ética! Esta libertad extática de todos los límites, esta liberación en la que «vagamos sin límites y libres a través del despliegue desinteresado de las cosas».

51 Chuang Tzu 1.10.

5

QUIZÁS HOY estemos encontrando el camino de vuelta a esta morada primigenia. Demostró ser una estrategia evolutiva exitosa durante decenas de miles de años en el Paleolítico, antes de sucumbir a la estrategia más exitosa del dualismo metafísico, esa desligada «alma», armada de una relación instrumental con la tierra. Sin embargo, el Paleolítico sobrevivió de algún modo como fuerza de guerrilla bajo la superficie de la China de la dinastía Shang y de la Europa greco-cristiana, culturas construidas sobre esa herida del dualismo metafísico: la consciencia arrancada de su parentesco con la Tierra salvaje. Esa morada paleolítica se convirtió en el paradigma taoísta-ch'an que finalmente emigró a Occidente, donde algo muy similar ha estado resurgiendo de forma independiente durante los últimos siglos, iniciado en parte durante la era de los británicos románticos por el modelo de morada paleolítica de los nativos americanos (p. 34 y ss.). Ahora que el dualismo metafísico de Occidente está fracasando como adaptación evolutiva, esta morada paleolítica/ch'an parece ser de nuevo nuestra mejor estrategia de supervivencia: Mente salvaje nonata e integral a la Tierra salvaje.

Nuestra identidad más plena, al no haber nacido, es el propio Tao, es todas y ninguna de las formas fugaces de la Tierra salvaje simultáneamente. El cultivo taoísta-ch'an de la

naturaleza original nonata es nuestra práctica ecológica más radical y profunda, y es una práctica cultivada en el poema de la garza de Tu Mu, donde no hay un centro de identidad separado de la Tierra salvaje. Hace que nuestra naturaleza nonata se integre por completo en el misterioso despliegue del paisaje. De nuevo, esto es una ética. Cuando habitamos nuestra naturaleza nonata, lo que le hacemos a la tierra nos lo hacemos a nosotros mismos. De ahí surge el principio ético del *ahimsa*: el compromiso compasivo de no causar ningún daño innecesario.

Esta interpretación de nuestra naturaleza nonata parece más acorde con la realidad que nuestros supuestos occidentales, ya que la consciencia surgió de hecho de los procesos evolutivos de este Cosmos. Del polvo cósmico surgieron estrellas y planetas, del planeta Tierra surgieron formas de vida cada vez más complejas, y de esa complejidad creciente surgió la consciencia humana. Por improbable que pueda parecer desde la perspectiva occidental, cada uno de nosotros es una apertura de consciencia, una apertura extraordinaria en el tejido opaco de la existencia, un lugar donde el Cosmos es consciente de sí mismo, donde se refleja en lo que solo puede llamarse una práctica de amor elemental. Más aún: cada uno de nosotros es una nueva forma de que el Cosmos, tejido de existencia, se vea, se conozca y se sienta a sí mismo, una nueva perspectiva. Esto es cierto para todos los seres sensibles, todos los animales superiores con sistemas nerviosos complejos. Tal vez este sea el único fundamento empírico de la ética medioambiental: el imperativo de valorar cada nueva perspectiva a través de la cual el Cosmos se ve, se conoce y se siente a sí mismo.

Es otra forma de entender la base de la ética *ahimsa* del budismo. El ch'an a esa apertura de consciencia le llama nuestra naturaleza de Buda. Dice que toda vida sensible posee una naturaleza de Buda. Y al compartir esta naturaleza de Buda, cada ser sintiente es también Buda, es también una apertura de consciencia singular, profunda y hermosa. De hecho, esos seres sensibles eran considerados maestros sabios en la antigua China. No necesitan la práctica espiritual ch'an, pues siempre están despiertos. Esa apertura reflejada es la naturaleza de su experiencia cotidiana. En esto, los animales nos revelan nuestra naturaleza más primigenia, esa naturaleza interior donde somos parientes de las garzas, donde nosotros también somos el paisaje despierto mirándose a sí mismo. Y los ríos y las montañas también son Budas que revelan en su silencio elemental nuestra naturaleza original de mente vacía. Así pues, tanto los animales como los paisajes de ríos y montañas tienen el máximo valor ético, no solo como nuestros iguales, sino también como nuestros sabios maestros. Por lo tanto, dañarlos o matarlos es dañar o matar a nuestros maestros más profundos o, de hecho, al mismo Buda que todos somos.

Ahora no es tan sencillo y directo como lo era para los cazadores-recolectores del Paleolítico, no es una relación individual directa con otros individuos de la comunidad de la vida. Este marco ético debe aplicarse a nuestra compleja relación con la tierra, abstracta e indirecta, en la que nuestras acciones tienen repercusiones lejanas e invisibles —de ahí la necesidad de un marco de principios jurídicos, normativos y educativos que rijan nuestra relación ética con la Tierra salvaje y sus diez mil cosas—. Pero parece posible, tentadoramente posible, que consigamos cambiar nuestro paradigma, cambiar nuestro centro de identidad extraterrestre por un sentido de pertenencia total a los procesos de la Tierra. Como hemos visto, existe un rico precedente en la transformación cultural de la antigua China. Como dijo Sartre: «la existencia precede a la esencia», en lugar de estar definidos por una naturaleza humana predeterminada e ineluctable construida por la tradición occidental, somos libres de definir de nuevo nuestra naturaleza y nuestro futuro en cualquier momento. No parece difícil imaginar nuestra tecnología desplegada según los supuestos de pertenencia humana y responsabilidad ecológica, mitigando radicalmente la actual catástrofe ecológica y, al mismo tiempo, proporcionándonos una vida satisfactoria. De hecho, nuestras proezas tecnológicas nos permiten, en teoría, llevar una vida menos destructiva que en el Paleolítico —matar a un gran número de criaturas emparentadas ya no es necesario para sobrevivir—.

De hecho, tras la gran transformación de los supuestos occidentales que se ha producido en Occidente en los dos últimos siglos, ¿no se está haciendo ya realidad ese nuevo paradigma ecocéntrico? Aunque nuestra cultura sigue estando muy sometida a la mitología cristiana, ¿no nos damos cuenta cada día más, a través de un flujo constante de investigaciones y libros, de que la vida interior de animales como las orcas es muy similar a la nuestra: rica en emociones, sueños, entendimiento, cultura y conexión social? Eso es importante, un comienzo, aunque toma nuestras propias vidas interiores como el estándar por el que se valora a los demás, lo cual es otra forma de nuestra perspectiva centrada en el ser humano. Porque tal afirmación no valora a los animales en sí mismos y en sus propios términos.

En cualquier caso, ese cambio de paradigma es simplemente un reconocimiento de la «naturaleza original» que siempre ha estado en nosotros, ese parentesco paleolítico con la Tierra salvaje. ¿No sentimos amor, empatía y bondad hacia lo no-humano? ¿No sentimos alegría cuando vemos que un animal prospera o se alegra —esa orca madre acabó reapareciendo y varios años después dio a luz a otra cría que hasta ahora ha prosperado—, y pena cuando vemos que un animal sufre o muere? ¿Acaso no nos atormenta un gran dolor cuando nos enfrentamos a la muerte de todo nuestro ecosistema planetario? ¿Y no aboga ahora una gran parte de la raza humana por la defensa de la Tierra? Aquí en Estados Unidos, por poner un ejemplo especialmente notable, existe un sistema en expansión de espacios naturales y, por muy simbólicos que parezcan, funcionan como declaraciones públicas que defienden el valor intrínseco de la propia Tierra salvaje, de su propia autorrealización totalmente al margen de nuestros intereses humanos.

Nos preocupamos por las especies y los ecosistemas locales y planetarios. Pero esa es una versión más de nuestro enfoque centrado en el ser humano. Las especies y los ecosistemas son abstracciones que surgen de nuestra perspectiva humana, y se valoran inevitablemente en función de lo que nos proporcionan. Pero las especies y los ecosistemas no significan nada en absoluto para los seres sensibles implicados. Para ellos, lo único que importa son sus vidas individuales, sus familias y comunidades, sus hábitats. En nuestro marco occidental, incluso en el modelo contemporáneo de mayordomía, esos individuos siguen considerándose cualitativamente menos valiosos que los humanos. Puede que nos preocupen las especies enteras —la tragedia que supone la desaparición de toda una especie, su aterradora finalidad—. Pero rara vez nos preocupamos por los individuos, lo que deja el campo abierto al tipo de compromiso que ha hecho que la política medioambiental sea tan inadecuada. Sin embargo, en los paradigmas paleolítico y taoísta-ch'an, cada animal es semejante y valioso, y su autorrealización no es menos importante que la nuestra. De hecho, participa de nuestra propia identidad. Por lo tanto, su autorrealización se valora tanto como la nuestra.

Somos mucho más de lo que creemos ser: mente vacía, mente nonata, Mente salvaje. En la antigua China no existía una distinción fundamental entre mente y corazón: 心 significa todo lo que pensamos en los dos conceptos juntos. De hecho, ese ideograma para «mente-corazón» es una versión estilizada del primitivo 𢖩, que es una imagen del músculo cardíaco, con sus cavidades en el sitio de las venas y arterias. Mente vacía y mente reflejo, mente nonata y Mente salvaje: todo equivale a un corazón lleno. Fundamentalmente, el ch'an nos abre a las dimensiones más profundas del amor, ese parentesco en el que estamos emocionalmente enlazados con el mundo: la Mente salvaje es parte integrante de la Tierra salvaje. Aquí, la ética implica que el individuo actúe en relación con el individuo, ambos parte integrante de la tierra y ambos igualmente valiosos.

Por tanto, actuar desde la responsabilidad hacia los demás individuos, es una ética que se revela directamente cuando vemos con la claridad «inhumana» (en palabras de Jeffer) del Cosmos, que es ver como un espejo en el que el mundo cobra vida tal como es en sí y por sí mismo, en toda su belleza y misterio, e intrínsecamente valioso individuo a individuo. Esta es la ética que se refleja en el pequeño pero vasto poema de la garza de Tu Mu, con su reflejo de mente vacía:

GARZAS

Mantos de nieve, crestas de nieve y picos de jade celeste
pescan en arroyos sombríos. Luego, alzando el vuelo,

abandonan montañas esmeralda en pos de distancias
encendidas.
Flores de peral, de un árbol repleto, caen en el viento de la tarde.

¿Cuál es la relación entre las garzas y los perales en flor? ¿Cuál es la lógica del salto del poema, que va de las garzas que se elevan a las flores del peral que caen y se dispersan? ¿No es puro misterio, un tipo de misterio particularmente bello y resonante, cuando se hacen eco mutuamente: las garzas blancas que se elevan, sus formas revoloteando con el batir de sus alas; las flores blancas del peral que caen, sus pétalos revoloteando de la misma manera? Lo que queda después son los misteriosos montes de esmeralda: distancias inmóviles, sabio silencio susurrando en el viento.

Ver con la claridad reflejante del Cosmos viéndose a sí mismo —es decir, habitar nuestra naturaleza original no nacida, en la experiencia inmediata, entregarnos a este misterio y victoria salvajes—. Allí, nosotros mismos somos indistinguibles de las montañas, las garzas y las flores de peral, y por lo tanto también nos dispersamos a través de la Gran Transformación. En esto, conocemos nuestra pertenencia nonata al tejido de la existencia: sus diez mil cosas en sus vastas transformaciones. Así, una ética nonata y primordial: lo que un corazón salvaje hace a la Tierra salvaje, se lo hace a sí mismo.

La Tierra salvaje tiende al equilibrio. En cualquier momento y lugar en que se desequilibre, existe un mecanismo de respuesta que establece un nuevo equilibrio. Se trata de un proceso constante que siempre está en juego en muchas dimensiones. Tomemos un ejemplo sencillo pero pertinente: cuando la población de un depredador crece demasiado, las presas escasean y pronto la población de depredadores disminuye hasta un nuevo punto de equilibrio. En la actualidad, la población y la actividad humanas han crecido demasiado, muy por encima del equilibrio, lo que supone un estrés notable para el ecosistema del planeta. La Sexta Extinción nos está enseñando a todos nuestro parentesco elemental con las diez mil cosas, devolviéndonos a nuestra naturaleza original de mente y corazón salvajes, a nuestro amor salvaje por este mundo, y la ética primigenia que esto engendra. Tal vez sea la Tierra intentando compensar y restablecer el equilibrio. Veremos si funciona, o si la devastadora tormenta de Jeffers sigue barriéndonos y entran en juego otros mecanismos de equilibrio, emitiendo quién sabe qué nuevos misterios extraños y emparentados que se desarrollen sin límites, libres, a través del despliegue desinteresado de las cosas.

ÍNDICE

Mente salvaje, tierra salvaje
de David Hinton,
compuesto con tipos Montserrat en créditos
y portadillas, y Cormorant Garamond
en el resto de las tripas,
bajo el cuidado de Daniel Vera,
se terminó de imprimir
el 17 de abril de 2024,
ese mismo día en el 796
Al-Hakam I, sube al poder como emir
independiente de Al-Ándalus (Córdoba).

LAUS DEO